大是文化

Saving Face:
How to Preserve Dignity and Build Trust

面子領導學

全球領導力協會創辦人
胡孟君（Maya Hu-Chan）著
李宛蓉 譯

錢解決不了的問題，面子可以。
商學院沒教但你最需要的領導武器。

CONTENTS

推薦序一

豐厚的社會貨幣，是人際關係的致富祕密

YouTube頻道眼球中央電視臺主播／眼肉芽

「你是不是很內向？」、「我這個人講話比較直。」或是「你懂我意思嗎？」這幾句話經常在無意中迸出，聆聽者往往只能用「嗯嗯」、「哈哈」等彆扭的詞語回應。一方掐住對話的主導權，彰顯權威。聽者不快，有失面子，幾句話之間，就留下不佳的印象。

你不給我面子，我要不要給你面子？幽微的人際互動情境，成為作者所謂的社會貨幣，投資報酬率比股市實際。社群的追蹤人數，成為有多少面子的

借鏡，一五一十被量化出來。為了顏面，很少人願意承認有多重視這個「面子」。於是，「被討厭的勇氣」流行了，「做自己」普遍了。自己臉皮厚一點，又該給其他人留多少當作嫁衣，只怕增一分太肥，瘦一寸太委屈。

本書的開頭梳理「面子」，內含千絲萬縷的尊重、人情、情商、同理心等，跨國文化培植出多元脈絡。當美國籍的女主管在處理公務上，遇到韓國籍的男性主管說出具有性暗示的諧音詞彙時，應該如何應對？中國工廠不肯按照美國公司的設計藍圖製作的原因為何？出生於臺灣、移民美國多年的作者，清楚解析跨國事業的實戰守則。

許多電影描寫著經典的對立關係，如《穿著Prada的惡魔》（*The Devil Wears Prada*），女老闆米蘭達對待助理的惡名昭彰；在《進擊的鼓手》（*Whiplash*）這部電影，撇除戲劇效果，現實中嚴師是否會出高徒，成為戲外教育與職場的討論焦點。

在YouTube頻道「眼球中央電視臺」出現之前，我任職的企業，不乏說風就是雨的開除文化。

某次與集團總裁同桌吃飯，全場只聽到碗筷的敲擊還有突兀的吞嚥聲。偏偏我的手就是不給面子，用筷子扒飯特別遲鈍，才吃到一半，所有人都已經用畢，收拾起碗筷。舉箸不定時，總裁夾雜著香港的口音，笑著對我說：「我吃很快，你慢慢來沒關係。」

這次吃飯兼開會的目的，是聽不同階層職員的建議。這項政策還有對話內容，可以讓人感受到極大的誠意、樹立管理風範，也給雙方都留下好的面子貨幣，平衡雷厲風行的用人思維。

美國脫口秀主持人艾倫・狄珍妮（Ellen Lee DeGeneres），被離職員工爆料，身為老闆的艾倫禁止員工和她打招呼等規定、忽視公司的性騷擾文化，以「Be kind to one another」（善待他人）作為脫口秀經典臺詞的艾倫，其節目一度面臨停播危機。

每位員工在工作領域上得到的面子，反應自我價值的存摺，成為複雜又脆弱的人際互動中，不可或缺的社會貨幣。作者細膩分享二十多年來，處理大型企業人事危機的實例，歸納出重視創意的企業公司，投資員工與管理階層的面子，尊重個人價值，提供安全的心理環境，積累豐厚的社會貨幣，才是長遠穩固的致富之道。

推薦序二

面子的重要性超越金錢

《練習改變》（*Triggers*）作者／葛史密斯（Marshall Goldsmith）

胡孟君身兼作家、演講家、高階主管教練等多個角色，她在本書為讀者講解她獨特的「面子觀」。我認識本書作者胡孟君三十幾年了，和她共事的時間也超過三十年，這本書令我愛不釋手，因為它讓我回想起一則故事。

金墉博士（Dr. Jim Yong Kim）是我的好友，他分享一則故事，說是從擔任過波音公司和福特公司執行長領導者的穆拉利（Alan Mulally）那裡聽來的。

金墉博士說，他從穆拉利身上學到最重要的一件事，就是**一旦成為領導**

者，**你的面子就不再屬於你了**。他的意思是，領導者的身分一擺出來，如果臉上帶著憤怒或煩憂，人們就會回以相同的情緒。因此，領導者必須盡可能表現積極、樂觀，臉上的表情要誠懇。

作者在這本書探討面子，因為這個觀念與世界上多種文化關係深遠。舉例來說，你曾想過面子其實是一種社交貨幣嗎？**面子超越金錢貨幣，可以影響我們在許多社群中的地位和聲望，包括商業圈、家庭、政治圈。**

這只是作者在書中娓娓闡述的其中一個有趣的觀念，她還提供建議，教我們如何善加管理面子，藉此與人打交道，創造並維持良好的人際關係。

最重要的部分是作者提出的營建模型（BUILD Model），我們身處世界各地與人共事時，可以利用她所提供的這些要點。BUILD分別代表善意、了解、互動、學習、實踐，是發展商場關係不可或缺的五大基礎。作者送給我們這份禮物，透過學習和實際利用此工具，加上閱讀和研究這本書，我們可以學會保全面子、給別人面子，同時避免讓別人丟面子，在自己所到之處發揮最正面的影響力。

讀者推薦

「對於想要透過正向關係創造影響力的領導者來說，這本是必讀指南。」

——金墉博士，
前任世界銀行行長、
《美國文化的陰與陽》（*The Yin and Yang of American Culture*）作者

「本書闡述我們可以如何透過實際的案例向其他文化學習，並幫助領導者與團隊提高效能。」

——穆爾（Jim Moore），
昇陽電腦（Sun Microsystems）與北電網路（Nortel）前學習長

「面子的需求是做生意的基本要素。這是困難的工作，但報酬很可觀。本書是必讀的參考書，保護面子則是任何專業履歷上必須列入的技能。」

——鮑曼（CB Bowman），

Meeco 領導力協會（Meeco Leadership Institute）執行長

「本書讀來趣味盎然，它將幫助我們增進保護面子這項重要的技能，以建立信任、有意義、成功的關係。」

——索洛萌（Darlene Solomon），

安捷倫科技公司（Agilent Technologies）技術長

「這個主題宛如一顆璀璨的水晶，上面許多不同的切割面，都值得詳細檢視與探索。我高度推薦這本書！」

——瑪愷（Patty McKay），

3D Systems 公司人才管理全球副總裁

「重大衝突（甚至整場戰爭）都是肇因於面子問題。作者是傑出的跨文化溝通專家，她教導我們如何保護面子、建立信任的關係。」

——恩德希爾（Brian O. Underhill），
CoachSource公司創辦人兼執行長

「作者用坦率、幽默、真實的範例，闡述如何利用保護面子的能力建立關係。如果你想發展自己的全球領導力和商業能見度，你就需要閱讀這本書！」

——鮑爾斯－伊凡潔莉絲塔（Ann Bowers-Evangelista），
Llumos公司總裁

「如果你希望能和對方有良好的互動關係，或對建立一個言談有禮、關懷別人的世界有興趣，請閱讀這本書。」

——修瑪珂（Beth Schumaker），
明星領導顧問公司（BrightStar Leadership Consulting）合夥人

「作者利用她在全球數十個國家工作的經驗，檢視一個所有文化的共通話題——面子。我特別推薦本書，給那些在多元文化環境中與他人共處的人。」

——霍景思（Bill Hawkins），

《Up學》（*What Got You Here Won't Get You There in Sales*）合著作者

「人人均須一讀，尤其是與多元文化團隊共事的人更應一讀。」

——伍妮西（Brigitta Wurnig），

國際教練、《在途中》（*Auf dem Weg*）作者

「作者探討我們生活與工作的多元文化世界中，一個極為相關且適時的議題。本書充滿實用的理念與案例，都源自作者在高階主管培訓領域的豐沛經驗。她的作品對那些有興趣增進溝通能力的人，具有重大的貢獻。」

——馬林（Carlos E. Marin），

C. E. Marin & Associates 公司總裁

「終於有一本書探討這個經常被忽略、但攸關商業成敗的議題。這本傑出的作品網羅豐富的小故事，完美闡述多面向的面子問題會構成什麼挑戰，應該如何化解。本書絕對是必讀之作，它將面子這個抽象的主題，化為商業關係的關鍵部分。」

——羅蘭（Diana K. Rowland），
暢銷書作家、IntXel 公司總裁

「本書所包含的智慧幫得上所有的領導者，從已經擁有高超人際技巧的領導人，到完全不曉得該如何與他人互動的領導人，都能從本書獲益。」

——瓦格納博士（Dr. Frank Wagner），
Stakeholder-Centered Coaching 公司總教練兼共同創辦人

「本書以迷人的方式呈現一個無比重要、卻經常受到誤解的觀念，同時也為大家鋪出一條明確的道路。」

——沃德（Gregg Ward），
暢銷書《受尊敬的領導》（*The Respectful Leader*）作者

「對於需要提升情緒智商與文化靈敏度的人，以及需要彌補溝通失誤能力的人（其實也是每個人），這本都是必讀教材。」

——加芬克爾（Joel Garfinkle），
《領先》（*Getting Ahead*）作者

「本書透過微妙的文化透鏡描寫一個與全球相關的概念，並提供策略，教讀者如何避免會導致別人丟面子的行為。這本書值得一讀！」

——艾帛兒（Judith Eberl），
忠利保險（Assicurazioni Generali）前國際教育部門主任

「本書用很多實例說明保全面子的觀念，告訴讀者該如何發展深刻、真誠的互動，這是建立成功的商業夥伴關係所不可或缺的。任何領導者或團隊成員，不管工作地點在哪裡，都必須讀這本書。」

——卡茨（Judith H. Katz），

Kaleel Jamison顧問集團執行副總裁、

《安心衝刺》（*Safe Enough to Soar*）合著作者

「本書指引我們面對真相，教我們以同理心等方式，帶領我們了解彼此的世界，而不是訴諸逃跑或戰鬥的本能反應。」

——卡特（Louis Carter），

Best Practice Institute執行長

「作者以非比尋常的國際經驗為基礎，用這本闡述保全面子意義的書，改造我們的思考方式，她的見解獨到，無人能及，是必讀好書！」

——湯普森（Mark C. Thompson），

《世界第一高階主管教練》（*World's #1 Executive Coach*）作者

「作者為全球領導人寫出一套傑出的準則。我喜歡她將面子定義為跨文化互動的社交貨幣。這本書應該定為跨文化訓練的標準。」

——布洛斯（Matthias Brose），

舍弗勒集團（Schaeffler Group）副總裁

「作者擁有輔導高階主管和跨文化領域的專業知識，她以這些經驗為基礎，提供寶貴、新穎的洞見，告訴讀者如何對別人表達尊敬、建立信任。想在職場上建立高效能的團隊和持久的關係，這些觀念非常關鍵。人人都需要閱讀這本書！」

——帕森絲（Nancy E. Parsons），

CDR評估集團（CDR Assessment Group, Inc.）執行長兼總裁

「沒人能比作者更適合寫這本關於保全面子的書。她將面子當作社交貨幣的一種形式，這種說法具啟發性，也很務實。任何人若想了解隱藏在深處的文化價值觀與行為，這本書都必須一讀。」

——古德曼（Neal R. Goodman），全球動能公司（Global Dynamics）總裁

「我是在亞洲生活三十幾年的蘇格蘭人，我發現對於所有在異國文化工作的人來說，這本書是不可或缺的指南，彷彿一股清流，幫你避免犯錯，確保你保住面子。每個執行長都應該送這本書給自己團隊的每一位成員。」

——史裴丘藍（Robin Speculand），暢銷書《卓越的執行》（*Excellence in Execution*）作者

「這本書揭示同理心、信任、尊敬何以和保全面子的觀念有關，它們又如何成為人們良性互動的基礎。所有人都該讀一讀。」

——貝爾徹（Rosa Grunhaus Belzer），

創意領導中心（The Center for Creative Leadership）教練

「作者輔導過世界各地多國企業與高階主管。在本書中，她運用自己擔任教練與顧問的淵博知識，這本書絕對不容錯過！」

——戴盟德（Susan Diamond），

女性總裁組織（Women Presidents' Organization）副總裁

前言
多數人的煩惱，都跟面子有關

出版這本書，時機正好。「保全面子」的說法源自中國，但是這個觀念放諸四海皆準，它使人與人之間能交流、打破藩籬，建立信任感與長期關係。保全面子的想法滲透到社會與商業互動的所有層面，人們嘴上說：「這不是錢的問題。」心裡真正的顧慮往往就是「面子」問題。

管理者、創業家，甚至獨立工作者，都必須適應越來越多元的客戶、員工和商業夥伴。他們需要吸引、保留、激勵跨越各種地域、時間和文化差異的團隊與員工，他們也必須在許多圈子中往來穿梭、引用不同思考，將自己的企業經營出世界公民的格局。

從個人立場來說，保全面子也是普世接受的重要觀念。一個人是否能與他人交流、找到共通點、一起為共同目標合作，全都與他對對方的了解、顧及對方情面的程度息息相關。在任何團體中，若是不顧及顏面，就算使出其他激勵因素（包括金錢報酬在內），都無法成功，本書將闡釋箇中緣由。

現今的領導者比過去更渴望贏得同儕的信任與尊敬，建立貨真價實、歷久彌新的人際關係，很可能是這個世紀的領導者最重要的使命。

保全面子和給對方面子的能力，是我們這世代的社交貨幣。在今天的社群媒體時代，這種能力也很重要，因為欠缺面對面求證、對質的機會，很容易就會出言無狀、輕慢他人。有鑑於工作場所變得越來越複雜，本書將提供寶貴的指引與練習，供身處新經濟時代的領導者參考。

為什麼面子這麼重要？**因為面子代表一個人的自尊、榮譽、地位、尊嚴。面子是社交貨幣：面子越大，就越容易搞定事情**。顧臉面是人類的天性，跨越所有文化、世代、性別和其他背景的差異。

為什麼「丟面子」的感覺這麼糟？因為丟面子會勾起羞恥、恐懼、愧疚、脆弱等負面情緒。在公開場合給別人負面回饋，就會讓對方丟臉，包括挑戰對方或表示反對、不遵守上下階級分際，或是表現隱性不平等（micro-inequity）的行為，例如暗示性的侮辱、忽視或打斷別人、開玩笑不考慮別人感受等。

我們該如何與別人交往、如何創造良好的第一印象，讓自己顏面有光？我們該如何避免在商場或社交情境中，不經意間害別人丟面子？最重要的是，我們如何有效保住面子，避免不良的後果？本書都會教你。

保全面子的意思是替涉及到的每一方保留尊嚴，目的是達成正面的結果。要保留面子，我們就需要設身處地，站在對方的立場思考，了解對方的參考架構，採取周全的行動，順利度過可能會帶來傷害的情境，同時在生活與商場中建立真正的信任感與長期關係。

保全面子比「不讓他人尷尬」還重要，也涉及到培養自己對他人背景與動機的理解，以便發現每個人獨特的面貌。如果欠缺這樣的理解，即使是出發點最良善的人，也可能在不知情的狀況下害別人丟臉。本書為個人與管理者提供一些工具，防止這樣的風險。

保全面子的行為需要立意良善、了解他人，不妄加評斷。缺乏善良的意圖，保全面子的行為就有可能會被對方視為故意操縱、膚淺、虛假。

本書透過範例說明和實用工具來解釋保留面子的真諦，例如AAA模型（知覺→獲取→調整），以及BUILD模型（善意／問責、體諒、互動、學習、實踐）。

本書是率先著墨面子議題的商業書，旨在探討全球領導力與跨文化情境中的面子概念，畢竟面子這個強大的文化價值，能反映一個人在商場、家庭生活與社會上的地位。越來越多的企業領導者將會需要適應新的心態和行為，才能有效與人交往，成功駕馭動盪的全球商業局勢。

不過，我希望本書除了闡述在商場上保全面子的主題，也能促進所有場合的溝通，上自多國公司的溝通，下至親友和鄰居之間的人際互動。這本書的主要讀者設定為企業領導者、主管、創業家和專家，因為他們需要和多元背景的人互動與合作才能完成任務。

此外，我也希望這本書可以幫助想要改善人際關係的讀者，例如教師和學生的關係、家長與子女的溝通，以及其他社交情境中的人際往來。如果你願意花時間了解保全面子的重要性，就會明白面子問題幾乎涵蓋社會論述（social discourse）的所有層面，其影響無遠弗屆。

本書為領導者說明如何建立情面，讓來自不同文化、世代、性別等特質的客戶和同事，能有更牢固的夥伴關係。由於企業多元化與時俱進，本書會對公司的領導者很有吸引力：他們能從書中獲得豐富的教訓與建議，學會如何把面子觀念訴諸行動，並指導散布在全球各地的團隊。

導言
面子一詞來自中國，但只要是人就在意

在我起心動念要寫這本書的時候，我問自己一個問題：「過去這些年來，我在擔任各個企業的執行長和高層主管的教練時，有沒有一個他們再三顧慮的問題？」

不必想太久，我就有答案了：全都是和面子有關的事。當然他們很少人使用「面子」這個字眼，譬如：「我覺得在工作上很沒面子。」但他們更常說：「我覺得主管好像看不起我的工作。」、「同事並沒有認真看待我的想法。」、「我的小組裡有些人開會時都悶不吭聲，我不確定他們在想什麼。」、「儘管我在公司的表現數一數二，可是我就是無法升遷。」

毫無疑問，他們這些話（以及我聽過的憂慮）都和面子有關。身為高階主管教練，每次聽見和關係、衝突、抗拒變化、職業過勞、欠缺動機等相關問題時，我首先詢問的多半是和面子有關的題目。有意思的是，人們最關切的問題，很少是錢賺得不夠多。

既然如此，我們就從這個開始吧——面子是什麼？

面子代表一個人的自尊、自我價值、身分、聲譽、地位、驕傲、尊嚴，這種釋義源自中國，但影響全球的人們，成為普世認同的觀念。面子觸及人們對於尊嚴、被他人接受的需求，以及我們認可他人尊嚴的方式。了解這種普世接受的做人理念，能幫助我們善加利用人際關係。

把面子想成是一種社交貨幣，從這個觀點出發，就能開始想像該如何持續不斷儲蓄面子。建立與某人的面子交流，不妨把它想成是在建立信任關係。

你怎樣對別人表達謝意和欣賞？怎樣幫助別人成功？你會讚美對方，並肯定他們的貢獻嗎？你有同理心，會設身處地為別人著想嗎？你願意支持對方、保護對方嗎？這就是你**儲蓄面子的方法**。

當我們需要「提領」面子時，要小心不要「撕破臉」。提供回饋的方式，必須顧及臉面、保持尊嚴，假如因為自己出錯造成別人丟臉，只要過去儲蓄足夠本錢，還是能挽回面子，抵銷提領的分量。

應用面子的觀念時只要記住三件事，就能建立穩固的人際關係：

- 面子就像社交貨幣，擁有越多，就能越快、越輕易辦妥事情。
- 在關係中勤於儲蓄，譬如建立信任感、信守諾言、表達感激與欣賞、流露同理心，就能建立面子供給。
- 如果意外害別人丟臉，只要平時存夠「面子」，還是能挽回關係，抵銷這次提領的面子。

我們將專注面子的三個層面，每一層都是了解面子如何運作的關鍵元素，包括給面子、丟面子和保全面子。

給面子是儲蓄面子的實質作為，採取這種行動的目的，是要彰顯對某個人或多人的尊敬和仰慕。給面子可以（也應該）作為營造關係、激勵團隊或同仁士氣的重要成分。

舉例來說，同事發言時，一視同仁給予相等時間與重視程度；專心傾聽對方發表；肯定對方的意見；流露感激與欣賞；想辦法請對方提供建議；感謝對方的貢獻；對層級、年齡和地位表達敬意，這些都是給面子的方式。給別人面子，會讓對方感覺到地位提升、自信心增加，也會加強你與對方的關係。

丟面子是形容人們深刻感到自己遭到貶抑、羞辱或乏人重視的情況。當某件事（或某人）挑起你的羞恥、恐懼、脆弱，或是挑起對某人或某個團體的負面情緒時，就會覺得自己丟臉。

不習慣處理面子問題的高層主管或一般管理者，可能會在無意間造成某一方或多方丟面子的狀況，大部分丟面子的情境都是無意造成。下面就舉一個完整的例子。

最近我和一家總部設在美國的全球科技公司合作，當時有五位中國工程師到這裡參加為期一週的技術訓練，客戶請我跟他們談談。受訓期間，這些工程師安靜的坐著，從來不提問，但是公司想要了解他們對這次訓練的看法。

我們一起在餐廳用餐時，這些工程師不太愛開口，可是等我開始用中文交談，他們立刻滔滔不絕。有一位工程師抱怨，他們搭了十五個小時的飛機才抵達這裡，沒想到一走進門，美國的講師立刻遞上一本厚達兩百頁的技術手冊。他們根本沒時間閱讀，更別提手冊還是用英文寫的。我問道：「關於訓練的內容，你們聽懂多少？」他們不情願的回答：「大概二〇％吧。」

美國人不曉得中國工程師很怕丟臉，他們需要裝出有自信、可靠的模樣，不願意承認自己其實摸不著頭緒。美國的公司並不是刻意想讓中國同事丟臉，但公司想為中國同事做的卻事與願違。

保全面子是蓄意扭轉情勢的行為，目的是防止敬意或尊嚴消失。為了解釋保全面子的意義，我們先看看那家美國公司和中國工程師面對面交流的情況。

為了讓中、美兩國的團隊合作順利，我建議那位美國講師採用簡單的幾招：講話速度放慢、講清楚一點；講解技術資料時，多利用圖表和親自示範；多給中國工程師一些消化資訊的時間，讓他們以團體身分、而非個人身分提問。最後，美國公司為了這些中國工程師，將訓練時間延長一週，如此一來，雙方都保住面子，訓練結果也很成功。

我寫這本書的目的，是要讓高階主管和專業人士能按圖索驥，以體會、理解在職場上講究面子的重要性。我們會進行幾項練習，演練如何利用儲蓄面子的方式，打通職場上的關係。不過，從更廣的層面來看，我的目標是凸顯面子在所有關係都是舉足輕重的「不明因子」（X factor），無論是在職場或私底下都不例外。

儘管所有人在私生活或工作中都扮演多重角色，包括家長、朋友、主管、員工，可是激勵我們努力向前的因素都是相同的，那就是感激、尊重、做自己，而這些全都和面子有關。

第 1 章

面子，你最需要的社會貨幣

你聽到「保全面子」這幾個字時，心裡會想到什麼？也許是想像某人說了什麼尷尬的話之後，設法緩和場面；或是有人在職場上犯錯，需要彌補自己的聲譽。總之，就是自我受損，必須想辦法修復。

面子這個觀念，在許多文化中的含意遠超過字面意思，它觸及人們對尊嚴與認可的需求，還有我們與他人互相表達尊重的方式。將面子觀念當作是一種社交貨幣，並拿來運用，是建立夥伴關係最不可或缺的能力。

很多人是透過「丟面子」這個詞才曉得面子的說法，不過很少人了解在亞洲和其他文化中，面子這個觀念有多複雜。面子代表一個人在商場、政治圈、親友圈、社區，甚至整個國家的地位與聲譽。過去兩千五百年來，面子觀念早就影響生活與文化的各種層面。

中國人說的面子很難定義，因為沒有可以直接對應的英文字眼。「尊敬」（respect）或「尊嚴」（dignity）意義雖然相近，卻無法完全概括面子的微妙意涵。從中國歷史觀點來看，**面子代表一個人在家庭裡和朋友之間的名聲好壞、可靠程度、地位高低，範圍甚至擴及社會整體**。無論是用中文、英文或其他語言，面子這個字眼在任何文化都相當重要。

面子對亞洲文化的影響，一般集中在社會的三個部分：自身、社群、行為。自身指的是一個人相信自己在社群中獲得成就與地位，所以擁有若干聲望；社群是根據個人在商場、家庭或其他社會地位，應該得到的尊敬與禮遇程度；行為對應的是可能導致別人丟臉或有面子的言行舉止。

整體來說，自身是對自己的看法，社群是對他人的看法，而行為則是人與人之間的作為，產生對面子的正、負面影響。

從商業的角度來說，中國人對面子的感受，在所有的溝通與關係層面上都極為明顯。與西方國家相比，面子與公司階級的關係更緊密，扮演的角色更吃重。領導者和高階主管的地位崇高，不同層級主管之間的區別定義得很清楚。許多領導者期望部屬服從他們的命令，不得質疑，所以若是某人不順從領導者的意思，就會被當作是沒把主管放在眼裡。

我們的目標並不是要複製企業階級的模式，不過中國的面子觀念在西方同等重要，這本書就是要探討背後的道理。

給不給面子，會影響工作

面子觀念在全球各地深入人心，以至於在日常對話中使用頻繁，已經是司空見慣的詞語。中文的「丟面子」這個詞，直譯就是「丟棄顏面」，意思是當事人感到太羞恥或尷尬，恨不得把臉皮撕下來丟掉。我們也不要忘記西方用語「拿最好的一面示人」（putting your best face forward），意思是展現自己受尊敬的一面。

保全面子不僅是一種概念，影響相隔千里的兩個群體互相溝通的方式，從下面這個例子可以得知，面子問題同樣可以發生在呎尺之內。

我的同事索羅蒙斯（Jeremy Solomons）是全球領導力顧問兼專欄作家，工作地點在盧安達首都吉佳利（Kigali）。索羅蒙斯告訴我的這則故事，是發生在同一家公司的銷售團隊和軟體工程師之間的面子事件。

我有一次在美國德州和一組軟體工程師共事，其中一位和公司的業務經理在工作上往來密切。

這兩個人經常見面，關係似乎挺好的，但是某天卻留下疙瘩。當時他們正在檢討一項產品，業務經理急著要搭飛機出差，參加第二天在外地舉行的商務會議。當天兩個人開會討論的內容，大多由工程師在白板上記錄下來。業務經理因為著急，無暇拿紙筆寫下來，所以用手機對著白板匆匆拍了一張照片。

這趟出差的旅途中，業務經理注意到工程小組的回覆忽然變得比較正式、簡短，他問那位經常聯絡的工程師怎麼一回事，對方一開始咬定說沒事，不過業務經理的直覺告訴他，一定有什麼地方出錯了，於是他找理由趕回公司，盡快和那位工程師面對面溝通。

工程師本來裝出一副什麼事也沒有的模樣，最後還是提醒業務經理，先前他拍的那張照片上的資訊，有一些錯誤。而業務經理先前拍照的行為，讓工程師的團隊覺得被出賣，因為他們覺得是業務經理到處跟其他人說工程小組標示的錯誤。

工程小組覺得很丟臉，和業務經理接洽的那位工程師表示，業務經理的拍照之舉「很欺負人」。業務經理聽到後一再道歉，雙方關係才逐漸恢復。想也知道，以後他再也不敢用拍照的方式了！

讀者會發現我引用很多例子，這些都是在和客戶互動時觀察到的心得。我這麼做是故意的！與其列舉不切實際的理論，我寧願用例子來闡述面子觀念如何在真實生活中影響人們。

以下就是很貼切的例子，告訴我們某間公司的營運長，如何在負面情境忽然發生時，幫一位主管保留面子。

幫助別人保留面子需要同理心和誠意。我的一位客戶奈瑟爾洛斯（Dan Nesselroth）在一家全球公司工作時，就有過親身體會。

當初招聘奈瑟爾洛斯的公司財務主管，此時正面臨一項危機：他的員工在八個月內偷了公司十幾萬美金。公司一整套現金管理流程，都是由這位主管親手設計並推行，而那個員工就是透過這套流程，不聲不響的犯罪。該主管天性樂觀又容易信任別人，設計流程的時候，只納入最基本的防盜措施。

這件案子引起很多人注意，不僅在安全會議中被提出來討論，各種耳語和小道消息，也迅速將這件事在整個公司散播開來。

「偷錢的事東窗事發之後，每天的調查都讓大家忙得不可開交，我的主管覺得自己該負全責，但也認為自己是受害者，」奈瑟爾洛斯接著說：「這是個『丟臉』的案例。」

不久後，營運長便指定要和奈瑟爾洛斯與那位財務主管開會，此時，奈瑟爾洛斯的主管已經被壓力搞垮，體重減輕、輾轉難眠，還罹患焦慮症。

奈瑟爾洛斯說：「有好幾天的時間，他覺得自己像行屍走肉，聽說作風強硬的營運長要見他，簡直是雪上加霜。」

開會那天，奈瑟爾洛斯和主管在會議室裡焦灼等候，營運長走進來時，財務主管的恐懼和焦慮已經到達頂點。沒想到營運長只用一句話就化解緊張：「我不在乎偷竊。」他接著表示，不管是賣熱狗的攤販或多國企業，偷竊都是很難避免的事。營運長說：「我只是想確定你們會檢討流程，並彌補漏洞。目前看來，我覺得你們做得還不錯。」

奈瑟爾洛斯說，他的主管聞言立刻振作起來，精神抖擻的回到工作崗位上。營運長保留財務主管的面子，而且是發自內心的作為：

- **他立場堅定但態度和善**。**保留面子需要把對方最大的利益放在心上**，了解對方的觀點，並提出有建設性的意見。營運長在做決定之前，已經考慮過情況：人性優先，自我中心是敵人。
- **有一點值得一提：保留面子不等於放對方一馬**。犯錯的人還是需要追究責任。以這個例子而言，營運長直接、明確表明自己的期望，相信財務主管會妥善解決問題。
- **營運長展現高情商**。當他走進會議室時，知道財務主管很緊張，於是抱持同理心做出回應。他尊重對方、慎用字句，沒有妄加揣測，對待財務主管的方式堪稱正人君子。
- **營運長的言行帶有意向**。進行帶有情緒的對話時，一開始內心就要拿定主意，想好最終目標。問問自己：「我打算怎樣？我們想要達成什麼成果？」從意向出發可以創造開誠布公的氣氛，打破藩籬。

- **他讓財務主管覺得受到肯定**。營運長沒有貶抑他，也沒讓他難堪，反而做相反的事：當著奈瑟爾洛斯的面，認可他為了改善安全措施所做的努力。營運長認同財務主管的自我價值，並對他表示肯定。
- **他幫財務主管化解羞愧和尷尬，把精力重新聚焦在解決問題**。營運長用行動向財務主管證明他信任對方，也對財務主管會做正確的事有信心。

如果你的出發點帶有意圖，懂得尊重對方，又有敏銳的心思，那麼為別人保全面子的行徑就是發自內心的誠意。抱持同理心，不要讓自我中心和價值判斷誤事。如果能用這種方式協助他人保留面子，不僅能提振對方的忠誠度，也能激發對方表現最好的一面，因為你讓他們感受到自己獲得賞識與重視。

保全面子的行為有很多種形式，視文化與環境而定，有的很不明顯，有的則十分高調，不過到哪裡都少不了保全面子的行為。

平時多存一點，遇到問題就容易化解

接納面子的觀念後，我們開始把面子當作社交貨幣來用。想像自己不斷對某人「存進」面子，就好像在銀行開存款帳戶一樣，存的面子越多，建立的信任度就越高。我們可以在公開場合或私下向別人表達感激、稱讚對方、認同他們的貢獻。我們也可以表現同理心，設身處地理解對方的處境。對待他人時，給予均等的時間與重視。這些都是儲蓄面子的做法。

當我們需要「提領」面子時，小心不要「撕破臉」。提出批評或意見的時候，要替對方保留面子和尊嚴，萬一出錯，導致別人丟臉，就可以用過去儲存的面子支應當下提領的面子，這段關係就有可能維持下去。

面子也可以當作是交易的貨幣。全球商業領袖把面子當作商品，透過交易或出借面子來完成雙方交易，或是藉以進入對方的市場和網絡。全球商業領袖的成功與否，端視他對面子以及面子在跨文化溝通所扮演的角色，其理解程度的多寡。

你擁有的「面子」越多，就能越容易、越快把事情辦好。

面子這種社交貨幣不僅適用於商業領域，對各種互動都舉足輕重，無論是在職場還是私人領域都一樣。以下兩個例子便說明面子在私人領域的運作。

第一個例子是：你不記得我了，對吧？

我的好朋友涂燕（Yen Tu，音譯）在社區很有影響力，她觀察到的這個現象，很多人可能都有同感。涂燕回憶道：

> 如果我碰到前陣子才認識的人，往往會記得對方的臉，卻不見得能想起名字，為了怕失禮和避免尷尬，我總是會先重新自我介紹一番。這樣做對我沒有任何損失，而對方都會露出如釋重負的表情，很高興我幫他們保住面子。
>
> 不過有時候情況剛好相反，對方會不太客氣，可能張口就說：「你不記得我的名字，對吧？」這就有點刁難人了，其實不必搞成那樣。

第二個例子是：一場婚禮、一輛卡車和一張十美金的鈔票。這個例子點出一件事實：即使是最善良的出發點，都可能會害別人在私領域中丟臉。

那時候我和丈夫維恩（Wayne）正在籌辦婚禮，之後就要搬進全新的房子。維恩向父親一個六十多歲的好友丹尼爾（Daniel）開口借貨車，好把一些東西搬到新家。

維恩把東西搬好之後，知道自己必須趕快把車還給丹尼爾，因為接下來還要趕去裁縫師那裡量衣服的尺寸，以便訂製婚禮要穿的燕尾服。維恩把車開回去，可是丹尼爾不在家，於是他在方向盤貼上一個信封，裡面附一張寫滿感謝的便條紙，同時留下一張十美金的鈔票，以補償自己用掉的汽油。

幾天之後，父親告訴他，丹尼爾因為他在信封裡留下的鈔票很惱怒。

為什麼丹尼爾會生氣呢？不是因為他覺得維恩塞的錢不夠多，而是因為維恩給錢這件事：維恩竟然以為丹尼爾會想要得到報償，這讓丹尼爾覺得很沒面子。如果維恩花十美金把油箱加滿，那又另當別論，可是把錢留在車子裡，就變成冒犯之舉，令丹尼爾感到丟臉。

從私人關係的層面來說，無論是家庭還是宗教團體的信眾，成員多寡雖然不同，但在個體與個體間，面子觀念的重要性卻沒兩樣。

身為高階主管教練，我曾與數以千計的客戶共事，對方有些是新創事業的中階主管，有些是全球五百大企業的執行長。我的客戶面臨眾多挑戰，規模大小不一的公司裡產生各式各樣的衝突，而在所有互動中，最容易被人疏忽的一點就是人與人之間的面子問題。本書正是分享我這些經驗談的機會。

我們將會討論如何「給」人面子，以便與對方交流，創造好的第一印象；我們還會討論在商場和社交場合中，不經意的言行會怎麼害別人丟臉；最重要的是，我們還會討論如何有效保住面子，以避免負面的後果。

現在就開始吧！

第 2 章

留才第一課：替部屬保顏面

我小時候聽過一句諺語：「覆水難收。」說起丟面子這件事，覆水難收確實包含許多意義。

想像一下，當你不小心打翻餐桌上的一杯水，弄溼整個地板——想把水全部撥回杯子裡，你會怎麼做？更重要的是，即使能把地上的水全都弄回杯子裡，你還願意喝嗎？噁心！我也不願意。

我們講到面子時，也有同樣的「噁心」因素。假如你做了什麼、說了什麼，導致別人丟臉或覺得被羞辱、被看輕，那麼你的言行就很難挽回，甚至完全挽回不了。就算你有能力挽回，雙方的關係也已經惡化，至少在短期內無法復原。

因此，最好的策略是學習怎樣不會說錯話、做錯事，不管有心、無心的錯都不要犯。想達到這個境界需要同理心，也就是設身處地為他人著想。假如你能理解一項舉動會對別人造成什麼樣的衝擊，那就能成為指引你與別人溝通的導航。

你現在擁有的每段關係，以及往後將會擁有的關係，都必須有個起點。

「留下好印象的機會只有一次。」這句話絕對是真的，尤其在處理與面子有關的事情更是如此。從這個角度來看，當你與人初次見面時，當務之急就是了解什麼樣的事會害別人丟臉，畢竟你還沒有建立任何私人層面的可信度，還沒有在自己的「面子銀行」裡存款。

我見過人們出於各種理由動用交情，譬如拉抬生意夥伴的地位、製造良好的第一印象，或是褒揚團隊成員。儘管如此，人人都在關係中面臨過這種挑戰：由於溝通或理解失誤，對生意或工作關係造成不良影響。我們都得從痛苦的教訓中學會一件事：有時候臉丟了，就再也找不回來。不過在多數情況下，牽涉的各方人士若是懷抱十足的耐心，面子還是有可能找回來。

後面會花一些篇幅探討哪些策略能避免害別人丟臉，不過我們要先花點工夫來了解一下，避免丟面子這件事為什麼那麼重要。

丟面子是因為有某件事（或某個人）挑起別人的羞恥、恐懼、脆弱或其他負面情緒。譬如在公開場合給別人負面意見、挑戰對方、不贊成對方、不尊重輩分、搞小動作羞辱別人、忽視或打斷別人、開不得體的玩笑等。

要形容丟面子，最貼切的說法大概就是經歷「不當的羞恥」。撰寫《不完美的禮物》（*The Gifts of Imperfection*）一書的作者布朗（Brené Brown）寫道：

> 羞恥讓我們渾身燥熱，令我們感到渺小、有缺點、永遠都不夠好。羞恥是極為痛苦的感覺，叫我們相信自己有缺點，所以不值得擁有愛和歸屬感。羞恥攸關恐懼，我們害怕別人一旦曉得自己的真面目、從哪裡來、是什麼信仰、掙扎得多辛苦，就不會喜歡我們。信不信由你，我們甚至在平步青雲的時候，也會害怕別人知道自己有多厲害（有時候承認自己的實力和承認自己的掙扎一樣困難）。

科技讓交流更便利，卻也容易被人誤解

以下這些詞語中的「face」一字，有何共通點？

- Face your fear（面對恐懼）。
- Face the music（承擔後果）。
- Face-to-face（面對面）。
- Face down（攤牌）。

這些詞語的意思都暗示你需要應付手邊的任務，而不是逃避問題。有多少次逼得你不得不應付窘迫的情境，內心想著：「呃，還不如傳簡訊或寄電子郵件給對方，比親自出面應付輕鬆多了。」我自己就曾有過這樣的念頭。

假裝你現在必須應付某個問題，心裡產生同樣的窘迫感，然後祭出各種唾手可得的科技——電子郵件、簡訊、社群媒體、私訊。這樣一來，你就能看出因為科技本身間接、隨興的特質，丟面子的潛在機會將大幅增加。科技很容易讓人逃避不自在的情境，但是少了肢體語言和音調，也讓人容易誤解對方的意思，或是送出看似冒犯對方的訊息。

對於我們消費和散布資訊的方式，科技創造出革命性的變化。無論你需要什麼資訊，都能立馬取得——也許是參加派對的朋友傳簡訊說他會遲到，也許是手機的行事曆忽然跳出活動通知，甚至是數位灑水器的提醒功能，主動告訴你庭院某個地方漏水。

雖然這些彈指之間就能得到的資訊確實讓我們享有更多控制權，但也有缺點，就是在我們與溝通對象之間會豎立高牆。從面子的觀點來看更是如此：人與人之間不再有禮儀。

我們利用數位溝通，會喪失某種程度的禮貌，不管是用電子郵件或簡訊交流都是如此。文字無法確實表達肢體語言，至於社群媒體上砲火猛烈的文字交鋒，就更不用說了。

美國公共廣播公司曾發表一篇文章，以很長的篇幅探討陌生人、甚至家人是怎麼在網路上爆發衝突，他們覺得每個人都有權利加入任何話題的討論，完全不用顧慮用字遣詞對他人的衝擊。

舉個例子，某個家庭的兩個成員開始討論槍枝管制，不料討論變得十分火爆，一發不可收拾，最後兩人居然「互刪好友」。其中一人後來表示：「如果這場討論是面對面進行的，誰也不會轉身離開。」

我有一個客戶分享自己遭到親戚、朋友網路霸凌的經驗。

我的客戶梅麗莎（Melissa）從小在黎巴嫩長大，她從哈佛大學畢業，二十五歲時在一個小型非營利機構服務。她就讀的高中只有她一個學生考上哈佛大學，一般人會覺得這項成就值得驕傲。

梅麗莎在臉書上張貼一些她在哈佛校園拍攝的照片，沒想到和她同一所高中的學生和家長居然羞辱她、霸凌她，理由是覺得梅麗莎是在「炫耀」。她還來不及慶祝自己的成功，就決定不再發表任何文章和照片，因為梅麗莎覺得很丟臉，也為自己成功考上哈佛感到很可恥。

從哈佛大學畢業後，她想回饋美國當地的社區，因此開始為當地的非營利機構工作。可是，臉書上同一群「好友」卻繼續在社群媒體上羞辱她、鄙視她的職業，有一個還在下方留言：「妳就只能做那個呀？」

作家羅辛（Hanna Rosin）曾寫過一篇文章〈同理心的終結〉（*The End of Empathy*），她指出許多研究顯示，這世代已經喪失同理他人的能力。人們再也不覺得有必要設身處地為別人著想，就算有同理心，也比較願意投射在自己本來就支持或有關係的對象身上。

羅辛引述印第安納大學副教授康萊絲（Sara Konrath）的研究：有更多學生表示，幫助處境困難的人不是他們的問題，透過別人的觀點看這個世界，也不是他們的責任。二〇〇九年時，康萊絲綜合所有標準，我從中發現一般年輕人的同理心，比我自己這一代少了四〇%，你沒看錯，就是四〇%！

這點再加上目前通訊科技的效力，很快就能看出「自掃門前雪」的感覺是怎麼製造問題，如果我們想透過保全面子和同儕、生意夥伴培養關係，這種心態就大錯特錯。

同理心和面子糾結在一起，無法真正分開。我們先來想想，同理心究竟是什麼意思。

在谷歌（Google）搜尋引擎中找尋同理心這個詞的定義，得到的答案是「了解並分享他人感覺的能力」。

再把這個定義和保全面子放在一起思考，可得知保全面子的目標是在與他人交流時，避免造成對方不當的羞恥，免得害別人丟面子。當你和不同背景的人往來時，挑戰特別艱鉅，這時你根本不清楚怎樣才能站在對方的立場思考，遑論避免做出或說出害對方丟臉的事？

這種挑戰最明顯的例子，大概就是和跨文化觀點的人共事。下面這個例子是關於怎樣與來自不同國家、說不同語言的群體共事，不過同樣的觀念也適用於和不熟悉的任何人或團體共事。

避免溝通失誤的四個訣竅

這些技巧能幫助你建立自己與國際同事之間的信任。

所謂的「醜陋的美國人」，我們都有個心理圖像（mental picture）——莽撞、傲慢，基於種族優越感，深信美國是世界上最偉大的國家。醜陋的美國人到國外旅行時，大言不慚吹捧麥當勞的大麥克，看輕當地飲食；碰到人就緊握對方的手上下擺動，也不管當地人打招呼的風俗是什麼。

「醜陋的美國人」這個詞最早出現在一九五〇年代中期，一九五八年同名小說出版，一九六三年又出小說改編的電影，由男星馬龍・白蘭度（Marlon Brando）主演，更讓這個用詞聲名大噪。身為高階主管教練，我去過全球各地旅行，確實發現很多國際客戶心裡都存在這種揮之不去的文化刻板印象。

舉例來說，我認識的一位中國籍高階主管就說過，美國人講話時喜歡用「我」來開頭，像是「我上一季的成果輝煌」或是「我找到一個很棒的聚餐地點」。那位高階主管質疑他的美國同事未免太居功，因為在中國，團體比個人更重要。

在跨文化的工作情境中，有時候爭個誰是誰非並不重要，更重要的是了解自己究竟讓人留下什麼印象。你很可能不知道自己的言行早就表現「醜陋的美國人」特質，連我也不例外——但我是在臺灣長大的！打從一九八五年開始在美國居住之後，我就自然而然接收美國式行為與態度，譬如思考和講話速度都很快。這應該是好事，對吧？嗯，那可不一定。

有一次我到一家公司主辦領導力研習會，會中有一位韓國籍的主管舉手發言，於是我點他發表。他的英文講得很好，但不像母語那麼流利，所以當他停頓幾秒鐘，我以為他講完了，就轉身請下一位發言。

沒想到我猜錯了，他還沒講完，而且他還因為被我中途打斷感到很憤怒。本來這位主管打算直接離開會場，還好他的同事把我拉到一旁，把事情經過告訴我。

我立刻要求和那位主管私下對談，對方漲紅了臉，抱怨我打斷他的發言是一種不尊重的態度，害他在眾人面前丟臉。我說我了解他為什麼生氣，也表示很遺憾冒犯到他。之後對方同意繼續留下來，並在接下來的會議提供很多好建議，最後還為這次舉辦的活動留下很好的評價。

當你從事跨文化交流時，以下四個訣竅有助於避免類似的溝通失誤（或是幫你在事後從容修補缺漏）：

• **尊重階級**。美國人向來比較隨興、重視平等，對美國公司執行長或政治人物來說，被評為看起來像「普通人」，代表一種榮譽。反觀許多國家的企業就比較重視階級，目的是創造尊敬與穩定的企業文化。以日本為例，不喜歡員工和主管有不同意見。至於澳洲和加拿大等其他國家，一般人則對繁文縟節反感。你需要了解國際同事的期望，並做好調整的準備。

- **架起文化天線**。與其他文化互動需要準備。盡可能閱讀有關當地環境的資料，打聽你將要共事的對象。我建議你找一位文化「專家」幫忙，他能告訴你送什麼禮物比較合適、該注意哪些傳統習俗等。提醒自己保持警覺也很重要。每當我搭機前往另一個國家，總會在飛行中的某一刻，想像自己的心裡有個開關，一旦啟動那個開關，就會對即將邁入的那個世界保持知覺。

- **避免討人厭的用詞**。我的國際客戶常抱怨美國人愛插嘴；說他們很傲慢，經常以為自己已經知道答案；他們開口閉口都喜歡省略文字，有時候根本詞不達意。對美國文化和片語不熟悉的人，聽到美國人說：「那真是太好了！」可能會信以為真。母語不是英文的人，碰到「我說不上來」或「我不確定」這類模糊的翻譯時，可能也會一頭霧水。他們特別不喜歡美國人的習慣問語：「你聽懂了嗎？」因為這口氣聽起來相當高高在上。

・**利用白金定律**。黃金定律說：「你想要別人怎樣待你，就以相同方式對待別人。」問題是如果別人想要的東西和你不一樣（特別是對方來自文化截然不同的地方），恐怕會弄巧成拙。亞歷山德拉博士（Dr. Tony Alessandra）創造了一條他所謂的白金定律：「別人想要怎樣被對待，就用那種方式對他。」因為你必須找出別人想要的、重視的東西，投其所好，才能達成目標。

我發現如果一個人的心胸開放，願意摒棄自己的成見，就有助於找到上述的待人方式。最近有一家亞洲的大型私募股權公司聘用我擔任教練，輔佐一位前途看好的高階主管。這位主管表面看上去和亞洲的刻板印象十分吻合：不愛說話、性格內斂、階級意識強，但其實他從小是在紐約市長大，覺得美國文化很親切。

不要因為溝通失誤和信用受損，害你的商業活動分崩離析。無論你前往任何國度、面對任何外國文化，都要對不同背景的人抱持誠懇、好奇、願意聆聽的態度。你的下一筆生意做不做得成，全都指望這件事。

跨文化專家松本清曾撰文探討西方與亞洲（尤其是日本）的面子觀有何不同之處：「西方人的面子比較自我導向，著重個人的榮譽或自我，比較關心別人如何看待自己；至於『日本人的面子』比較偏重如何對待他人，而非關於自我，可以給別人面子、爭面子，也可能被剝奪面子、失去面子。」

松本清建議外國人如何和日本人打交道？「我建議聽取約翰・韋恩（John Wayne）對於演戲的忠告：『輕聲細語，緩緩進言，勿多語。』換句話說，你應該表現得像是要餵一隻膽怯的松鼠吃堅果——從側面接近，不要吸引太多的注意，也不要做突如其來的舉動！」

即使身為高階主管教練，我也需要身體力行自己教別人的話。如果我無法以身作則，就達不到效果。以下是我在某位客戶身上運用理念的例子。

改善職場關係第一步：幫同事保住面子

有一次我擔任一家電腦公司高階主管約翰（John）的教練，他和同事相處有些困難。我的任務是對約翰進行三百六十度回饋（360-degree feedback）評量，以幫助他改善和同事溝通的方式。三百六十度回饋是訪談接受輔導對象的同僚、主管、員工，藉此深入了解每日共事的同仁如何看待自己。我們的訪談全程保密，以鼓勵每個人暢所欲言。

約翰是公司的採購長，儘管回饋意見顯示他很擅長與賣方談判，能為公司節省好幾百萬美金，可是同事卻覺得他這個人很難相處。

我們討論這項意見調查的結果時，約翰聽到越來越多同僚對自己的看法後變得很沉默。很多同事說約翰不甩他們的意見，不然就是對他們的提問直接回答：「不行。」卻不肯提供任何想法或疑慮，讓同事覺得很討厭──在他們眼裡，約翰這個人很傲慢。

我問約翰一些問題，以了解他處理工作的方式。約翰說他是武俠小說迷，覺得自己的工作和古代俠士面對的挑戰有共通性。也許他在潛意識中把同事當作敵人，而非團隊的成員，但後者才是同事真正的角色。一旦了解約翰對工作的觀點之後，我想到一個借用他興趣的方法，讓他更能接受同事。我提供約翰以下幾項建議：

- **面對結果**。一開始約翰很抗拒評量結果，主張自己早就摸透這份工作，要他對同事解釋自己的做法，根本是在浪費時間。在約翰的心裡，迅速摒棄糟糕的點子是他的職責，沒有解釋的必要。我說：「等一下。你的同事是你的敵人嗎？」他回答：「嗯，他們很煩人。」

接下來的幾次輔導，我很努力想說服約翰，同事是盟友而非敵人，勸他應該接受對方的意見。我告訴他，雖然面對失敗需要勇氣，但這麼做對他有益。最後約翰明白，自己把周遭同事當作對手已經造成損害。以功夫來比喻，他一味追求效率的結果反而製造更多敵人，這犯了策略上的錯誤。其實不需要改變他勤奮工作、忠於公司的價值觀，只需要改變他的溝通風格。

就像李小龍說的：「想了解自我，就仔細觀察自己如何與他人互動。」

- **承認錯誤**。輔導約翰的下一步是要他會見給他意見的人。約翰不情願的在同事面前承認自己的缺點，但還是勉強做到了。他感謝對方的評價，還說他已經做好改善的心理準備。約翰承諾：「從現在開始，我不會再不分青紅皂白的說：『不行。』我們是同一個團隊的夥伴，我會提問、傾聽，然後和大家一起想出雙贏的解決方案。」

李小龍曾說：「錯誤永遠都可以被原諒，前提是自己要有勇氣認錯。」

• **養成新習慣，並不斷實踐**。改變行為需要每天實踐，這很困難，你必須一直將目標放在心上，熬過每次的互動，這樣習慣才會扎根。

雖然約翰最初很不甘願，後來證明他還是很受教。周遭的人開始注意到他變得比較和藹可親，這種態度也蔓延到他的團隊。有一次開高層會議，約翰碰到重要的考驗：一位主管請約翰做一件約翰覺得不合理、甚至是不可能的事。這次約翰沒有立刻拒絕，而是先深吸一口氣，接著說：「我來解釋一下為什麼這件事不可行。」然後提供一項替代方案給主管。約翰刻意露出笑顏，甚至還開個玩笑。他的同事都感到很驚訝——他們開心的接受約翰提出的替代計畫。

再次引用李小龍的話：「去他的際遇！我自己來創造機會。」

我見過很多客戶運用上述的原則，成效很好。鼓起勇氣認識自己、謙虛接受自己的缺點、朝積極的方向改變──無論你身在世界的哪個角落，這些做法同樣能幫助你。

我拿出同理心，想像自己站在約翰的立場，就能和他分享資訊，幫他設身處地為別人著想。這樣做有助於約翰了解他的同事究竟在想什麼，最後也幫助同事保住面子。

沒人想翻倒水杯。我們現在知道丟臉是怎麼一回事，就可以運用一些工具，幫助我們站在別人的立場思考，擁有同理心，不要讓科技扭曲溝通──這些都是避免覆水的方法。

喔，還有，謝謝啦，李小龍！我欠你人情。

第 3 章

怎麼做，不會讓人覺得你很假

你去商店結完帳，櫃臺的店員對你說：「祝你今天愉快。」時，你的感覺如何？是不是腳步會變得比較輕盈？當天過得特別開心？畢竟一個你不認識、往後很可能也不會再見到的人，竟然花力氣祝你有個愉快的一天！你不覺得愉快？有沒有想過為什麼？

我們在維基百科上查一查「祝你今天愉快」（Have a nice day）這句話，得到如下答案：「交易完成時，店員經常對顧客說這句話。根據某些記者和學者的說法，由於這個用語的特性是一再重複、虛應故事，慢慢衍生出一種文化涵義，暗示沒有人味、缺乏趣味、被動攻擊（passive-aggressive）行為、諷刺。另一些批評者主張，這句告別用的陳腔濫調讓人感到虛假。」

這句話「讓人感到虛假」：只為打破沉默而說的話不帶情緒，沒有任何意義，因為說話者並不是真心祝你今天愉快。

現在我們設想這種缺乏真心的因素，放到保全面子的情境中會是如何。假如你不是真心的，怎樣能表達你覺得某人的工作出色、認為他應該為自己的成就感到驕傲，或是讓對方知道你信任他？保全面子的行動需要正面意圖，並了解別人的參考架構，不要妄自判斷。

若是缺乏正面意圖，保全面子的動作就可能被視為有意操縱、膚淺或虛假。誠如作家布朗所言：「真心誠意不是有沒有的問題，而是實踐的問題——是我們有意識選擇想要過什麼樣的生活。真心誠意是關於選擇表露心意，真實不虛假；選擇誠實；選擇讓別人看見我們真實的自我。」

這裡提供一些方法，幫助你透過有誠意的方式，落實保全面子的行動：

- **為別人保留尊嚴**。尊嚴是值得尊敬的狀態和素質。
- **展現同理心**。美國籍藏傳佛教金剛乘佩瑪・丘卓（Pema Chödrön）說：「同理心不是施救者與傷者之間的關係，而是平等雙方之間的關係。唯有弄清楚自身的黑暗面，才能了解別人的黑暗面。當我們體認到共通的人性，才會有真正的同理心。」布朗也指出，「同理心的核心是真正的接納。我們越能接納自己和別人，就會越有同理心。在我們追究別人為他們的行為負責時，仍然可以具備同理心和寬廣的心胸。我們做得到，事實上，這是最好的辦法。」

- **關心**。良好意圖還不夠，你需要關心自己的行動會如何影響別人，也需要關心他們會得到什麼樣的對待、他們的感受如何。你需要關心是否建立正面的關係，這樣的關係會使人們向上茁壯，而不是向下沉淪。不要用恐懼管理員工。你的目標是為別人保留尊嚴，促使他們在工作上呈現最好的成績。
- **勝利**。你努力為牽涉到的每一方爭取最好的結果，不是零和遊戲，也不是雙贏，而是全方位勝利。要達到這樣的結果，可能需要妥協、談判、強而有力的質問、真心的對話、有創意的解決方案。
- **堅定但和善（仁慈）的態度**。心中存放對方的最佳利益、傾聽並了解對方的觀點、追究對方的責任、給予建設性的回饋、做決定之前考慮對方的處境。人性是關鍵，自我是敵人。
- **善用情商**。架高你的天線，要有自覺，也要能接納別人的參考架構。
- **創造內心的安全感**。讓別人感受到自己的心聲被聽到、理解、重視。創造一個安全的場所，讓人們可以自在的發言、分享、挑戰。在安全的空間裡，人們會展現同理心和敏感度。

- **重視禮貌**。要尊重他人，慎用字句，開口前先三思。避免預設立場或把任何事看作私人恩怨。以君子之禮對待他人，不要妄自評斷。
- **懷抱意向**。一開始就把最終目標放心上，問自己：「我的目的是什麼？我想要達成什麼目標？」反覆表述你的意向，創造開放氛圍、剷除障礙。
- **遵守白金守則**。別人想要怎樣被對待，就用那種方式對待他，而不是用你自己喜歡被對待的方式對待別人。
- **練習「直來直往」**。在恰當的時間、地點，對恰當的人說他需要說的話，態度恭敬、意思表達清楚、正確，這就是直來直往的意思。反之，如果說話含混或只挑安全的話說，反而會害別人丟面子（詳見第十章）。
- **包容**。保全面子會提升歸屬感，而不僅是適應而已。當人們覺得有歸屬感，就會更開放、更有生產力，也會更快樂。
- **提高值得的感受**。保全面子攸關自我價值，透過與別人交流，讓對方感到被欣賞、受重視、被愛，就能擴展你的自我價值。

真心不僅是追求目的的手段，就保全面子來說，還是維持尊嚴的關鍵。

有一次我去紐約市，順便到著名的卡內基熟食店（Carnegie Deli）吃午餐。他們的三明治實在太巨大，我吃不完，只好把一半裝在牛皮紙袋裡帶走。我走出餐廳的時候，看見旁邊的人行道上坐著一個街友，我走過去問他：「你要不要吃這個三明治？我還沒吃過。」他看著我幾秒鐘，然後問：「是什麼口味的？」他的反應讓我很驚訝，但我還是有禮貌的說：「是五香燻牛肉。」他點點頭，收下三明治。我掉頭繼續往前走，過了幾秒鐘，他追上我，碰了我的肩膀一下：「嘿，女士，這個給妳。我們交換。」他遞給我一張紐約市某一齣表演的招待券，然後就走掉了。

他不要平白無故接受別人的恩惠，而不給予回報；這麼做，維護他的尊嚴，也保留了面子。我對他的做法感到很尊敬。

發自真心的行動只是保全面子的一部分。上面這張清單提到情商，現在我們就來看看情商的觀念，以及它是如何影響面子與尊嚴。請看以下的例子。

沒面子，是什麼感覺？

我試試看解釋一個概念。牛頓建立一項理論：物體前進或加速都需要施以外力。當然，在決定移動物體的外力應該多大時，摩擦力和重力也扮演相當重要的角色。牛頓對這項效應所擬的基本公式為：

Force＝mass × acceleration

（物體所受到的外力等於質量與加速度的乘積。）

火箭推進技術的先驅戈達德（Robert Goddard），開發出世界第一款液體燃料火箭，他也建立一項理論：為了使火箭更容易突破地心引力，可以利用多節火箭（multistage rockets），以減輕重量，將負載（payload）更有效率的推進軌道。此外，戈達德也是最早在航程中成功運用三軸控制（three-axis controls）

的人。懂了嗎？

我能想像讀者此刻大概在想：你在講什麼鬼話？這和面子有什麼關係？請再給我一分鐘的時間。

我不是火箭科學家（終於有機會說這句話了），我猜你也不是。可是你看到，我並沒有在「發射」那段關於火箭推進技術淵源的簡短敘述之前，事先提供你任何相關脈絡，而是丟出「三軸控制」之類的詞語，假設你已經知道我在說什麼。

現在設想這個情境：我拿出一本兩百頁厚的火箭推進技術概念報告，整篇都是專有名詞，還有你從來沒聽過的縮寫，接著，我開始提出這份報告相當具專業性的摘要，過程中極少使用插圖或親自示範，同時假設你完全跟得上我討論火箭推進基礎概念的速度。還有，這份報告的內容和我整個簡報，用的都是某種東非語。

一整天下來，你會有什麼感受？如果我問會議室裡的人有沒有問題，在眾目睽睽之下，身為聽眾的你會問什麼樣的問題？以這個極端的例子來說，你理解的東西很可能少到連一個相關問題都提不出來。你可以看得出來，被放入這種情境的人（特別是來自亞洲文化的人，他們特別強調尊敬、榮譽，需要被當作有才能的人），可能就會因為沒辦法立刻跟上，覺得很狼狽，甚至產生羞恥的感受。了解這種情境本來就會出現此類問題，正是情商的一部分。

這個例子其實沒有表面看起來那麼遙不可及，也並不是那麼極端。在國際商場上，每天都會發生類似情況。不久前，我就親眼目睹幾乎一模一樣的場景。我在本書的導言裡簡單提過這則故事，在這裡要進一步詳細的闡述，因為它顯示判讀現場氣氛的必要性——隨便一位喜劇演員都懂這點。

兩年前，我去亞利桑那州的一家公司出差，我在星期三抵達當地，主持為期兩天的全球領導力訓練課程。

第一天課程結束時，那家公司的一位高階主管提起，有一組中國工程師剛好來總部受訓一個星期，公司安排的技術訓練從星期一到星期五整整五天。那位高階主管說，中國工程師在受訓期間沉默寡言，即使有機會發問，他們問的問題也很少。主管問我星期四能不能和那群工程師一起吃午餐，藉這個機會弄清楚他們受訓的情況，而我接受這個任務。

第二天走進餐廳時，我和那群工程師見面，彼此打了聲招呼。幾分鐘後，我問他們訓練進行得如何。其中幾個悶悶不樂的互相對看一眼，然後回答：「還好。」

我察覺到有些不對勁，就用他們的母語中文追問幾句。幾分鐘後，他們開始對我坦白。

其中一位工程師說：「很難跟上進度，因為公司在我們來的時候才給我們一本兩百多頁的手冊，然後沒給任何時間消化，授課講師就開始講課。手冊的專業性很高，而且全是英文。」我問他們在受訓時聽懂多少，他們不情願的回答：「大概二〇％。」

同一位工程師又說：「有時候講師會問我們有沒有問題，但我們懂得實在不多，問不出能幫得上忙的問題。」

這是個完美的例子，說明面子觀念如何運用在兩個波長不同的群體。由於背景不同，難免會成為工作效率的阻礙。

籌辦訓練的公司沒有考慮周全，原本採用的訓練方法應該要根據受訓者不同的背景而調整，結果這場訓練製造的氣氛，讓前來受訓的中國工程師感到不自在，不願承認自己聽不懂，也不曉得要怎麼趕上講師的速度。公司沒有考慮到這個特別團隊的需求。

我徵求中國工程師的同意，將他們的意見告知講師和負責的高階主管。工程師則是要求我不要透露回饋者的姓名，這樣他們才不會「丟面子」。我也同意了。

我花了一些時間和他們討論怎麼挽救這場訓練，以下是我們得出的結論。

- 請講師放慢解說的速度，碰到複雜的概念時，請他多花點時間解釋。
- 講師依然像先前一樣詢問工程師有沒有問題，不過先給小組時間進行內部討論，等到確定大家都同意，再以小組的名義提問，這樣就不會有人落單。
- 事先提供所有文件，讓小組有時間研讀和預習。另外，講師也要在文件中盡可能穿插圖表和插畫，這點很重要。

- 講師盡可能提供親身經驗，這樣一來，他所教授的觀念就更實際，降低需要自行想像的負擔。

我對公司提出這些建議之後，他們將訓練時間延長一個星期，這對公司和中國工程師團隊都有好處。

你也許會問：「中國團隊碰到那麼大的困難，為什麼不一開始就提出這些問題，這樣不就能更早解決問題？」

答案是為了保住面子。雖然中國工程師小組沒辦法完全了解講課內容的原因，完全歸咎於訓練方法沒成效，可是他們不願承認自己聽不懂，因為一旦承認，儘管情有可原，還是會令他們感到難堪。

這個例子的主角固然是一組中國工程師，不過保全面子的觀念確實延伸到所有文化。以我一開始舉的那個例子來說，即使整場關於火箭推進技術的報告是用你的母語講的，如果你突然被放到一個自己毫無概念或經驗的情景，大概也無法理解報告的內容。假如你是和一大群人一起聽報告，真心想要進一步了解主題，勢必要向在場所有人承認你毫無頭緒，而這種情境是人人避之唯恐不及的。此時，情商就會幫助你避開這類情境。

保全面子不僅是發生問題以後用來解決問題的方法，也應該當作激勵團隊、顯示你重視對方的作為。從你這樣做的那刻開始，就會得到報償。

當你想到「保全面子」這個詞，例如「這是保全面子的姿態」，指的通常是某人採取行動，以避免害別人感到屈辱或被貶低。雖然這確實也是保全面子的意義，不過它也有積極的一面。看看以下這些激勵策略，都是用來「給」面子的。

給面子，比實際獎勵更能激勵員工

想要激勵員工，表達創意和真心的欣賞，是極為有效的方法。

作為高階主管教練，我享有獨特的優勢，能近距離觀察公司內部，以及公司領導者的大腦。透過與客戶的一對一互動，我觀察他們如何處理公司的重大衝突，進而了解他們的動機。

我發現工作者具有幾個共通的特質，無論是在新加坡或美國都一樣。作家品克（Daniel Pink）在二〇〇九年的傑作《動機，單純的力量》（*Drive: The Surprising Truth About What Motivates Us*）指出，傳統職場給員工的獎賞——像是薪資和升職，效果往往不持久。工作者需要獨立思考和分析、需要展現能力，並因此獲得認同（品克的說法是工作者追求自主、專精、目的）。研究顯示，工作者離職的主因是欠缺認同、參與感，以及組織管理不當，和金錢的關係反而不大。

誠意是保全面子的關鍵，在給面子時也同樣重要。以下有幾項給面子的策略，我的客戶覺得效果很好。

- **具有創意的公開表揚**。好幾年前我在加州的某公司與一位高階主管共事，對方想要激勵手下的團隊，卻苦於沒有加薪的預算。他注意到來他辦公室的員工都會對他桌上放的一罐石頭問東問西，那些石頭都是這位主管在附近的海灘跑步時撿回來的。有一天他想出一招，團隊裡有人工作表現優異時，他就送上一張感謝卡，同時附帶一顆他收藏的石頭。這個獨特又私人化的象徵，開始在員工之間變成某種神祕的地位：得到石頭的人，肯定有很了不起的成績。

- **允許彈性工時**。我走進中國網路零售公司阿里巴巴集團的辦公室時，看到辦公桌旁邊色彩繽紛的帳篷，我大吃一驚，後來得知員工在繁忙期間會睡在帳篷裡。我經常聽說很多美國科技公司的員工經常在辦公室通宵，然後早上八點下班回家。競爭環境下的公司生活並不容易，不妨給員工自行選擇上班時間的機會——前提是必須把工作做好。
- **要求員工擔任導師、教練或老師**。要求某人擔任新進員工的導師，無異散發一個訊號：此人是公司的重要大使，有能力傳達公司的核心文化與價值。要求某位員工擔任另一個員工的教練時，必須有敏銳的判斷力（譬如這兩位員工不能是競爭者，否則一定不管用）。可是如果進行得宜，這種方式確實能鼓舞擔任教練和接受輔導的雙方。和我共事過的某一家公司，有位主管擬定一個午餐學習時段，讓特別專精某個領域的員工為同事舉辦工作坊。這樣的信任有益於留住能幹、用心的員工。

• **增加挑戰與能見度**。對訓練有素、技能高超的員工來說，公司要求他們做挑戰性高的工作，代表特別看重他們。如果你發現某個員工做事慢吞吞，不妨給他較困難的任務，或是讓他在影響力較大的主管面前做簡報，也許能刺激他改善績效。

• **提供在重量級人士面前露臉的機會**。很多員工不確定高階主管究竟有沒有注意到自己的努力，懷疑他們是不是只把自己當作公司裡的一根螺絲釘。與執行長或公司其他重量級人士共進早餐或喝杯咖啡，可以讓員工獲得保證，知道公司的高層重視、肯定自己的貢獻。

第 4 章

面子要顧，
但問題還是要解決

現在我們已經知道保全面子的定義，也知道必須有誠意才能做好保全面子這件事。不過這還不算完備，我們再來看一個假設的情境。

約翰是某家企業的行銷部門主管，他的行銷團隊成員柯瑞（Cory）剛來公司上班幾個月，由於態度積極、工作認真負責，約翰對他的印象很好。唯一的問題是，柯瑞前兩次的銷售預測荒腔走板，不是蒐集的資料不對，不然就是弄錯業務範圍。

於是約翰決定在下一次提交銷售預測之前，和柯瑞坐下來談談他的初步數據。約翰先檢查報告裡的數字，訂正一些明顯的錯誤，然後和柯瑞見面，把更正後的報告拿給他看。接下來約翰這樣做：

- 告訴柯瑞他很欣賞柯瑞的努力。
- 告訴柯瑞未來若需要任何協助，隨時可以去找他。
- 告知柯瑞他認為另有一些柯瑞可以幫得上忙的計畫。

柯瑞感到很受用，約翰也覺得很順利，雙方都沒有丟面子，這算是大功告成，對不對？不見得。許多讀者一定發現了，約翰始終沒有提出銷售預測的數字問題，也沒有和柯瑞一起研究如何避免未來再犯同樣的錯誤。

我的論點是，保全面子的目的之一是維持尊嚴，可是**如果尊嚴維持住了，卻沒有解決真正的問題，那就沒有意義**。我們除了要知道保全面子是什麼，也需要知道保全面子不是什麼，而保全面子不是下列這幾種方式：

- **軟弱**。保全面子是軟技能，但要有硬功夫才做得來。
- **避免衝突**。避免衝突是不利的。如果開會時出現不安的端倪，就會有人建議「私下再說」，那你大概就心裡有數：這場會議想要避免衝突。這當然會造成會後再開會的現象——避免衝突文化的另一種特徵。分辨工作輕重緩急需要做出棘手的權衡，而避免衝突就意謂組織無法做到這樣的權衡，於是導致工作負擔沉重不堪。避免衝突意謂容忍某人拙劣的績效，害別的員工必須替他收拾善後。

避免衝突意謂表達異議或挫折是不安全的，於是壓力和憎恨逐漸累積，結果問題沒有及時解決，反而越積越多。擱置衝突只會壘起越來越高的牆，最後誰也不想攀爬這座高牆。想要擁有健康的組織文化，就必須有能力在會議桌上把問題攤開來，並用建設性的方法解決問題。

- **逃避問題**。保全面子不代表要規避問題、暗示大家避免衝突，或是把不舒服的感覺降到最低。
- **容忍惡劣的行為或差勁的績效**。
- **不敢說「不」**。如果你對每一件事都唯唯諾諾，目的只是避免衝突，這樣的保全面子毫無意義。員工不去矯正欠缺生產力的成員，反而是不具生產力的規避問題，自然是沒有效率，如此一來，員工的挫折與憎惡會逐漸升高。在當今的工作環境中，我們都希望員工相處和諧、快樂，刻意避免衝突，有時候在與他人互動時，似乎沒有化解問題的空間。其實重點並非不要說「不」，而是該怎麼說「不」。
- **掩飾自己的錯誤以及逃避責任**。錯誤發生時，你應該坦然承認並負責，不要怪罪別人。承擔自己的錯誤、採取行動改正需要勇氣，這就是領導力。

人們應付衝突的方式千奇百怪，有的人完全不肯面對，也有人毫不退卻、誠實以對。除非某人故意做什麼可恥的事，否則以打擊對方自我價值的方式與他起衝突，除了傷感情之外，沒有任何好處。成功保全面子是在上述兩種極端之間尋求對策——用可以維持尊嚴的方式，誠實面對問題。這雖然是最艱難的方法，但也是成效最大的方法。

和需要回饋的人起正面衝突，或是解決一再延宕的問題，正是有效保全面子的需求應運而生的情境。不過保全面子的觀念或保全面子的需求可以應用在許多方面，不只是用來處理迫切的問題。

作家史考特（Kim Scott）曾提到，她在蘋果公司工作時，與賈伯斯（Steve Jobs）共事的經驗，她指出辯論可以導引出具有建設性的思緒，可是如果做不到在團體中維持臉面，辯論往往窒礙難行。

賈伯斯說過一個故事，他小時候去鄰居家玩，那個鄰居要他去撿院子裡的石頭。賈伯斯撿了幾顆石頭交給鄰居，對方把石頭丟進一個鐵罐，又放了一些液體和砂礫進去，蓋上蓋子，再打開馬達旋轉鐵罐。一陣可怕的噪音傳來，之後鄰居要賈伯斯第二天再過來。等賈伯斯再度上門時，鄰居關掉石頭滾筒的馬達，把石頭掏了出來。賈伯斯看著閃閃發亮的石子目瞪口呆。

多年後，賈伯斯將團隊的辯論類比成石頭滾筒：儘管噪音很大、摩擦很多，有時還相當痛苦，可是在這樣的過程之後，卻會製造出美麗又光滑的石頭。那份工作本身和參與工作的人經過一番砥礪，品質都更上一層樓。

要怎麼做才能創造辯論的文化，但不至於淪為「尖酸刻薄」的文化，或是摧毀團隊關係？畢竟你不會想要滾筒一直不斷旋轉下去，到頭來石頭徹底粉碎，只剩下灰塵。

做主管的只要做個決定，就能免除團隊辯論的痛苦，這實在太誘人了，所以團隊往往會哀求主管「自己做決定就好」。然而，如果你真的這樣做，將會做出更糟的決定，然後得到更糟的結果，而團隊的解決衝突和做決策的能力將會萎縮。儘管過程免不了噪音和摩擦，公開辯論可以為團隊創造比較健康的氛圍，遠勝於抵制意見或背後搞破壞的氣氛。

史考特有一項描述特別引人注目，那就是賈伯斯不計較誰對誰錯。她在接受訪問時指出：

賈伯斯說：「我不在乎出錯，我也會承認自己犯很多錯誤，在我看來這並不要緊，要緊的是我們做正確的事。」他願意認錯的態度，凸顯在辯論中摒除自我的重要性。賈伯斯不去證明他是對的，而是利用辯論讓大家同心協力找出正確的答案。即使他一開始強烈反對在微軟視窗平臺上推出iTunes媒體播放程式，可是他容許自己被推翻。如果不是這樣，蘋果的iPod音樂播放器不會那麼成功，後來可能也不會有iPhone的智慧型手機和iPad的平板電腦了。如果你每次辯論都辯贏，你的團隊就不會再和你辯論。你必須容許出錯才行。

任何熟知賈伯斯的事業與歷史的人都曉得，他一點也不怕衝突。他的左右手如庫克（Tim Cook）、艾夫（Jony Ive）都曾說過，賈伯斯重視的是從一群人當中汲取最棒的點子，至於功勞算誰的，他並不在乎。

賈伯斯借用石頭滾筒和打磨光滑石子的這個比喻，可以應用在辯論上：當每個成員貢獻的想法獲得重視，而且成員有貢獻想法的自由和信心時，這種團隊激盪出來的點子是最棒的。

如果發展問題解決對策的過程碰到時局艱難、意見紛亂、挑戰性高，只要所有人都知道自己的貢獻受到重視，大家一致朝共同目標努力，結果定當否極泰來。畢竟如果容易的話，就算不上太大的挑戰。

套用石頭滾筒的比喻：當你設法保全別人的面子，可能會覺得自己經受「砥礪琢磨」的折磨。

第 5 章

谷歌團隊成功的祕密：包容每個人

我們已經確定面子是什麼、不是什麼，現在就來看看你可以打造什麼樣的工作環境——在這個環境下，保全面子成為整體文化的一部分，那樣的文化又能怎樣導引正面的成果。不管是在工作或私生活領域，我們的環境充滿對比，存在不同的民族、文化、世代、語言、性別和時區（如果與其他區域的團隊共事的話），萬一氣氛不對，沒辦法接受多元思想和態度，就很容易產生有意或無意的衝突。

別擔心，我並不是在要求任何人創造與世無爭的環境，好讓大家在工作上盡情發揮。烏托邦並不是目標，如果成功的關鍵是不存在令人分心的東西和噪音，那就不會有那麼多人選在星巴克開會了。地點不是重點，重點是那個地點有沒有讓人覺得自己受歡迎。

研究顯示，製造一個充滿安全感的環境，也就是讓人感覺自己受到尊重與支持的文化，人們就會有足夠的安全感，走出舒適圈。在組織中創造安全感的核心，就是給面子、保全面子、防範丟面子的能力。安全感是面子策略執行成功的最終結果。

為了促使團隊開始思考「可能還有別的方法」，就必須先讓成員感到安全：如果表達和別人不一樣的意見，自己的想法不會遭到否決，或是更糟糕的結果——慘遭別人嘲笑。如果能打造那樣的氛圍，團隊就會樂於創新。

創造內心覺得安全的環境，其實是保留顏面的另一種方式。當我們小心翼翼維護別人的尊嚴和臉面時，創造出來的環境，也能降低可能導致他們丟面子的恐懼和消極心理。

谷歌頂尖團隊的祕密是什麼？

谷歌研究自家公司最成功的團隊時，發現祕密不在於「誰」（who），而在於「如何」（how）。

谷歌公司的人力營運部（People Operations）進行研究，想找出公司績效最高的團隊有何祕訣，沒想到結果令他們大吃一驚。這項研究發現，最高績效的團隊，成功的因素並不是特別的技能、個人特質、教育背景、甚至文化背景的神奇組合，而是其他東西。

谷歌花費兩年的時間，研究公司一百八十幾個團隊。他們訪談派駐全球各地的兩百多位員工，結果發現團隊的成功並非源自成員是誰，而是源自員工對自己身為團隊成員的感覺如何。團隊的成員如何互動、如何建構工作、如何看待自己的貢獻，對團隊的成功具有龐大的影響力。

高效能團隊的員工，生產力參雜各種原因，不過谷歌找到最關鍵的一種，那就是「心理安全感」的動能。

哈佛大學教授艾米．艾德蒙森（Amy Edmondson）與共同作者羅洛芙（Kathryn S. Roloff）為心理安全感下了這個定義：

心理安全感，也就是相信個人不會在特定情況下，或是擔任某個角色時被拒絕、羞辱，這種安全感描述一種氣氛，身在其中的人，覺得自己可以自由的表達與工作有關的想法和感覺。在心理安全的環境中，人們相信雖然自己會犯錯，但只要出發點是良善的，別人就不會瞧不起他們；如果開口求助，別人也不會憎惡或處罰他們。由此可見，心理安全感會提高個人承擔風險的信心，容許個人和同事努力學習，專注達成集體的目標，並預防問題發生，而不是一味只求自保。

心理安全感是一種狀態，讓團隊成員相信自己可以冒險，不會覺得不安全或尷尬。當他們覺得安全，就不怕在別人面前顯現脆弱；當員工覺得安全，就會勇於承擔風險，不會害怕失敗；他們會敞開胸懷嘗試新事物、挑戰現狀。這樣的結果是變得更有創意、更能創新，表現會更上一層樓，因為團隊成員會一起爭取最好的成績，而不是努力想要保護自己。

心理安全感不光是領導者的責任，還需要團隊同心協力打造這個環境。以下的三個步驟可用來開啟轉變：

- **建立對話時輪流發言的默契**。當團隊運作和諧時，每個成員發言的時間都會相等，不會出現一、兩個人左右討論的情況。每個人都覺得自己有貢獻的機會，沒有人心裡有話卻壓抑著不說。這種平衡不會自動發生，必須刻意引導。其實方法很簡單，只需要注意誰沒開口，然後邀請對方參與對話。

不過也有其他辦法，和我共事過的一位主管就有找到一個平衡的妙方。這位主管或團隊中的任何人如果注意到某人還沒發表，就會傳一顆小石頭給那個人，拿到石頭代表輪到他發言。團隊已經有默契，大家默默的、不動聲色的傳石頭，意思是：「我很想聽聽你是怎麼想的。」

- **自我檢討負面行為**。如果團隊成員過去曾表現負面的行為，譬如語帶譏諷的評語、貶低別人的話，領導者的職責就是要當面遏止。然後整個團隊就需要不斷互相監督，確保不再出現類似的行為。如果那樣的行為再發生，就會腐蝕關係，阻礙建立安全感的流程。當團隊摒棄自我中心，大家相互尊重，團隊的表現會最優秀。

- **維持高社交敏感度**。人與人之間有很多溝通屬於非語言形式，透過音調、臉部表情、肢體語言所傳達的訊息量，並不亞於語言和文字。一個擁有相互尊重文化的團隊，成員對於同事溝通的內容會有比較高的意識，也會對其他成員的感覺、反應方式比較敏感。這正是心理安全感的關鍵元素。

谷歌的研究還點出一項令人驚嘆的事實：根據谷歌人力營運部的羅佐芙絲基（Julia Rozovsky）的說法，心理安全感高的團隊成員，在個人表現方面也較為優秀。他們離職率低，比較容易接受多元理念，為公司賺取更高利潤，工作成效也常得到管理階層的肯定。

如果你希望自己所領導的團隊（或是自己所屬的團隊）也有類似的成果，那麼當務之急就是擁抱社交敏感度高的文化，並且接納每個人都有責任共同打造心理安全環境的想法。

團隊不應該分圈內人、圈外人

發展願意創新思考的團隊時，有一個關鍵要素就是（在保留面子的環境中）培養心理安全感，但即使有了安全感，通往成功的路途仍然很遙遠。如果團隊還分圈內人和圈外人，你就不算在培養真正有包容性的環境。

團隊不是烏合之眾，而是結合各種有才華的人，為共同目標努力，他們的付出值得被珍惜。

多元與包容不只是新鮮熱門的商業用詞，研究顯示，擁抱多元價值的公司，比不拿它當回事的公司表現更出色。多元不僅代表多種民族，也包含形形色色的人口統計學變數、經驗與文化。

「圈內人」和「圈外人」這兩個用詞，可能會讓你想到一些特別受歡迎的青少年，故意排擠別人加入自己的小圈圈。在公司環境中，小圈圈的行為更微妙，甚至很難被人察覺。

我的客戶諾亞（Noah）任職於一家國際科技公司，他的團隊成員有些在公司總部上班，另一些（包括諾亞）則分散在好幾個不同的時區工作。諾亞經常一早開始忙於某項專案，稍後才得知前一晚公司改變工作方向，或是完全取消那項專案。因為時區差異，公司做決策的時候，諾亞和本地同事正在睡覺，所以完全錯過。諾亞覺得自己像圈外人，而團隊裡的其他人則被視為圈內人。

雖然諾亞的經驗歸咎於結構性的挑戰，不過職場文化也可能製造圈內人、圈外人的隔閡。另外，性別、種族、宗教等差異，對團體的生產力也有顯著的影響。

抽菸的員工可能會在休息時和其他也在抽菸的同事聊工作的事，而不抽菸的人就打不進那個圈子；公司可能會在年度會議上安排飲酒活動，不喝酒的員工就會覺得格格不入；或是某個主管喜歡個性外向的員工，回應對方時比較積極，也相對重視他們的意見，而內向的員工往往會遭到忽視。

當圈內人、圈外人的氛圍存在時，可能會造成決策時無意的偏頗，也會在挑選升遷人選時造成無意的偏頗。在階級分明的組織中，可能因此有過多的障礙——「圈外」的人根本無法突破障礙，進入「圈內」。

這種情況還可能製造不平等的標準。簡單來說，圈內人看起來是根據自己的規矩辦事，至於圈外人根本不知道那些規範是什麼。唯有粉碎圈內人、圈外人的隱形鴻溝，領導者才能建立具有包容性的環境。

領導者擊破圈內人、圈外人鴻溝的關鍵，是當這種情況逐漸形成，就要有所察覺，然後立刻採取行動遏止。這些行動包括分享資訊，在參與決策討論的人選中，納入所有相關人員；和不清楚狀況的人分享潛規則；提拔人員、授權給他們，讓他們能打破階級的障礙。

領導者可以解釋未被接納的意見。領導者打造創新與信任的文化，等於是找到一個方法，確保每個成員都有參與感、有貢獻，並覺得自己的貢獻受到重視。我的客戶索洛萌是安捷倫科技公司的技術長，她說：「這非關順從，並不是要大家每件事都要同意。」事實上，並不是每個人的想法都會得到認可，你讓這些人對自身貢獻懷抱什麼感覺，才是關鍵所在。

索洛萌說：「領導者解釋做出某項決定的理由，這樣的領導者是比較強大的。」你該採用可以接受琳瑯滿目的意見的方式，譬如告訴提案人他的建議為何行不通，實際上是幫助團隊更深入了解情況。如此一來，當事人不會覺得自己被拒絕，而是覺得自己受重視，未來依然會坦然提供建議。

此外，好的領導者絕口不提失敗。索洛萌說：「一項專案結束時，我們會檢視自己學到什麼，討論可以有什麼不同、卻更適合的做法，還有未來可以如何利用學習到的東西開拓新方向。」不過他們絕口不提失敗二字。「我們不用失敗這個詞，而是講：『我們下一步要怎麼做。』」這種文化中和掉對失敗的恐懼，否則那樣的恐懼可能會癱瘓思考力。索洛萌說：「我們連在日常對話中，都不會使用失敗這個字眼。」

創新不是與生俱來的天賦，也不是特定宗教或民族的專利。創新會在恰當的環境之下開花結果，任何擁有目標的領導者都能創造合適的環境。索洛萌說：「創新本身就是挑戰現狀，我相信有創意、動機強的人一般都有很棒的點子，也很會創新。身為領導者，我們需要提供恰當的文化和作為，才能維繫那樣的創新。」

同理，因為創新不只存在一個地區，鼓勵創新環境的型態也無法在所有的地方都適用。不過有一點是不變的：無論形式如何，促進創新的理想環境一定是個保全面子的環境，這樣成員才會有信心向外拓展、探索新想法。

我有個客戶是總部設在日本的全球性公司，他們在美國辦公室有一支由日本員工組成的團隊，必須向美國主管報告。日本員工彼此之間通常講日語，看在美國團隊的成員眼裡，認為對方多半是在講美國員工的是非，不然就是在美國員工沒有機會提議和參與的情況下，自行做決策。

美國員工當面提出質疑時，日本團隊表示：「沒有這回事，我們講日語的原因是英文程度不夠好，沒辦法了解整個問題。所以我們用母語交談，協助彼此了解複雜的問題、澄清語言的混淆之處，並替彼此整理摘要，這樣大家才能達成共識。美國人因為我們的語言障礙，做出錯誤的假設。」

解決辦法是，我們一旦了解問題，便開發一套團隊開會的流程，領導者會留充裕的時間給日本小組的成員用日文交談，然後整個團隊再重新聚集，大家一起討論解決方案、做出決策。

人的本性容易受到自己熟悉的東西所吸引，和多元背景的團體共事時，領導者需要了解這點——**創造一個環境，容許成員在自己的心理舒適圈工作，同時也要把環境建構得可以包容每個人**。當然，在這樣的空間運作，不確定性和不熟悉狀況的感覺都會降到最低，保全面子就容易多了。

在日常溝通中運用一些簡單的技巧，可以促進環境中的信任與包容性。以下是皮克斯公司（Pixar）採用的技巧。

皮克斯動畫工作室樂於打造為所有員工而設的友善環境，在這裡，大家把所有的點子和評論視為朝正確方向邁進的積極步伐——他們稱之為「增益」技巧（Plussing Technique）。

每次有人提出可行的點子或故事時，皮克斯的人員不會給予：「是的，不過……。」的評語，而是回答：「是的，還有……。」他們使用不具價值判斷的語言，並盡力幫別人的點子補充想法。

表面上看，你也許不會認為改變一個人和另一個人之間的連結，會讓工作環境改頭換面，變成鼓勵承擔風險和創新的環境。你的想法可能沒錯，但是講到心理安全感，包容性和面子與用詞遣字的關係並不大，更重要的是你必須發自內心去做。

你也許會問：「這些和創新、正念有什麼關係？這本書不是在講保全面子嗎？」你這麼想很正確，本書確實都在談保全面子，可是更貼切的問題是：「當你真的保住面子了，會發生什麼事？」

答案是一旦人們感到自己受到重視，踏出自己的心理舒適圈就會獲得報酬，那麼組織日復一日面對的挑戰就會變得越來越小。那些挑戰包括溝通失誤、辦公室政治，如果你已經想出辦法為團隊注入保全面子的基本元素，這個答案應該已經應驗了。你的努力會得到什麼成果？成員秉持創新的心態、大夥兒並肩努力的團隊，這就是你的報酬。

第 6 章

全都聽你的？這樣我很丟臉

我始終搞不懂實品屋。別誤會，我曾經因為很多原因去參觀實品屋，包括自家重新裝修時，去蒐集設計的點子，還有單純為了滿足好奇心，去勘查某個路段的社區和房屋型態。當然，我要買新房子時，也會去看實品屋。不過有件事很奇怪，我猜我和多數人一樣，從來不曾路過「售屋展示」的招牌時，心血來潮跑去參觀，然後就把房子買下來。仔細想想，其實也沒那麼奇怪。

或許你打算買房子，上網找三房的透天厝，附帶小院子，還要靠近中意的學校，剛好也找到條件合適的售屋展示，這就另當別論。可是對我來說，街角豎立「售屋展示」的招牌，房仲言下之意是：「進來看看這間你一無所知的房屋，搞不好符合你正在尋覓的物件。」如果你要賣房子，這恐怕不是瞄準顧客的最佳策略。

現在我們來想一想，建築師要為客戶做哪些事？

假如你僱用一位建築師來設計夢想家，會發生什麼事？建築師會安排時間和你坐下來談談、問你上百個問題，以便深入了解你對新家的要求。你甚至都不曉得自己具體想要什麼，不過建築師的職責就是蒐集答案，引導你對希望居住的房子產生一些概念。你想住農莊還是兩層樓的房子？你想在主臥室裡有個獨處的地方，還是省下空間做衣帽間？你想把主臥室設在一樓還是二樓？選擇無窮無盡，可是建築師如果不鉅細靡遺的確認答案，又完全說不過去。

如果建築師不曉得你確切的需求，只用他自己的眼光替你決定什麼樣的房子才是完美的，這樣對雙方來說都是浪費時間。

相同的原則也適用於發展商業關係。太多人使用類似「售屋展示」招牌的手法——也就是開門做生意，讓它自由發揮，看看會有什麼結果。這些人對待職業的方式，彷彿自己是個維修工，雖然會一些技能，可是處理事情的方法是先去瞧瞧情況，然後再想解決辦法。這對維修工來說無可厚非，可是如果是要蓋房子或建立商業關係，這個辦法就不管用了。

用這種方法賣房子的人，只是浪費時間和精力罷了。至於用這種方式從事商業關係，恐怕會損害、甚至喪失重要的夥伴關係，情況更嚴重。

如果你問我為所有領導者提供什麼樣的服務，這就講到重點了。如果你相信和本地或全球各地的人共事時，保全面子很重要，那你一定是建築師、營建者型的人：建築你所需要發展的每段關係，營建那些關係所實現的能力。一如既往，挽救面子或保存面子是關鍵，身為企業建築師，我發現要塑造強大、生產力高的商業關係有五大關鍵基石，我稱之為「營建」模型（BUILD model，見左頁圖）。

假如上一章講的是創造最佳環境，或者打個比方，是把桌子上的餐具擺設好，那麼這一章要講的五項元素，就是我們開動的起點！

傳達善意，一塊披薩也能收買人心

三十五年前，我已故的公公陳樹潤博士，拿出手邊所有的錢財和房屋貸款，在聖地牙哥（San Diego）市中心買了一間小旅館。以前他從未經營過旅館，但是在擔任電機系教授數十年之後，他想要實現夢想，經營自己的事業。一開始相當辛苦，他犯下很多錯誤，初次創業的人多半有相同的體驗。不過從第二年開始，公公摸索出經營的門道，他知道旅館老闆最重要的責任之一

善意與問責
（Benevolence & Accountability）

了解
（Understanding）

互動
（Interacting）

學習
（Learning）

實踐
（Delivery）

就是僱用好員工，這點他做到了。公公聘請一個總經理、一個旅館經理，以及一組負責清潔和前臺職務的員工。

身為雇主，公公自然需要擔起一些責任，他很勤奮，工作時間也很長。不過還有一點很重要，他在工作中展現善意：對員工的生活流露真誠的興趣，也了解員工的職業生活和私生活；有節慶時，他會分紅讓員工開心過節。不只如此，哪怕是和工作無關的事，他也會盡力支持員工。

假如工讀生沒錢看牙醫，他會幫忙出錢；如果員工出車禍，保險不能全額理賠，我公公會替他補足差額。他不只在大事上出力，也花時間了解自己的員工，顯現他很在乎對方。現今，當初大部分的員工依然在這家旅館工作，讓人動容的是，我公公已經過世一段時間。這則故事說明一件事，即使再微小的善意，也會留下經久不滅的印象。

善意引導人們負責。我特別把「善意」和「責任」放在一起，因為若是少了責任，大家或許會以為商業和私人關係之所以維繫長久，靠的是不挑戰或糾正錯誤的行為，以求維持和諧，但這種方式顯然不管用。

畢竟我公公獲得旅館員工的忠誠度，並不是靠一味對他們犯的錯誤視而不見，也不是靠忽略那些影響生意的問題。重點不是為了求和諧乾脆迎合，而是用仁善的方式處理問題。無論我公公知不知道，他支持員工的所作所為都是在實現善意。在商場和生活中，善意是發展穩固關係不可或缺的層面。善意是「任何仁善的行為」，也可說是做好事的欲望。然而在全球領導力的範疇中，善意不僅是「做好事」，在與全球各地同事、同儕往來時更是如此。

在亞洲許多地方，儒家思想對於私生活與職業上的社交往來，都扮演重要的角色。這個地區有很多人遵從儒家教導的「五倫」思想，也就是人與人之間的五種基本關係：君臣、父子、長幼、夫妻、朋友。

除了朋友這一倫之外，孔子描述的所有關係都分上下尊卑。舉例來說，做兒子的必須服從、尊敬、聽從父親，同理，子民也必須絕對臣服於統治者。但是為了平衡兩者，「上位者」有責任照顧、支持居下位者。

現在我們把這個架構應用到現在的職場。在主管和員工的關係之中，員工自然會尊重並服從主管的指示，可是主管並沒有負起相應的支持、培養下屬的責任。

主管對部屬缺乏善意，就很難發展具有忠誠度的團隊。假如主管和部屬之間的關係，主要是各取所需的交易關係，意謂大家一起工作只是為了滿足自己的需求，而不管別人的死活，這樣根本就沒有團隊凝聚力可言。許多全球公司在亞太地區的員工流動率居高不下，這恐怕就是其中一個原因。

最近，我擔任一位高階主管彼得（Peter）的教練，他的團隊成員多半在北京工作。該公司要求我為彼得做一份三百六十度回饋，透過訪談他的主管、直屬下級、同僚、共事員工，了解他的領導技能。訪談對象有些人在北京，有些在美國。我與彼得互動時，認為他認真負責、善良，擁有良好的工作技能。遺憾的是，我做出來的領導力評估報告卻恰恰相反。

以下是接受訪談者對他的一些評語：

- 他每隔幾個月就跳下來管東管西，問我們一堆問題，要我們提出報告和更新進度。他沒有真正了解我們每天必須處理哪些事。

- 他相當冷漠，在辦公室裡找了一個房間，然後一個接一個召喚我們進去向他報告。
- 他這個人很有距離感。
- 他沒有耐心，總是很匆忙。我在會議上向他報告最新進度時，他會說：「知道了，知道了。」可是我根本還沒說完。他害我在其他同事面前很難堪。
- 如果員工犯錯，他會在小組會議上指名道姓誰該負責。這讓每個人都感到很不舒服。

我對彼得說完他的評估內容之後，請他告訴我他對自己管理團隊方式的看法。他說：「該完成的事情太多了，所以我每三個月去一趟北京時，會盡可能加快速度搞定一切。等所有會開完了，最新進度也報告完了，我就回到美國，確保團隊剩下的成員專注完成目標。」

我輔導彼得三次之後，開始談到除了把手邊任務做好之外，他還有透過別種方式接觸自己團隊的需求。我們討論可以用什麼方法表現善意、建立友好關係與信任，另外，如何花時間更進一步了解團隊的行動與處境。根據這些討論，下一次彼得的北京之行有了一些改變。

他做的第一件事是蒐集所有直屬下級員工的生日，在他們的生日當天，他會寄一封簡單的電子郵件祝賀對方生日快樂，同時附上一些個人感想。

他延長在北京停留的時間，以便多了解團隊。他特意和個別成員共進午餐或晚餐，也在午休時間與團隊和跨部門的同事一起打乒乓球。

彼得在辦公室召見團隊成員時，沒有讓對方隔著辦公桌和他對話，而是搬兩張沙發椅和一張咖啡桌到辦公室，這樣他們就能輕鬆的坐下來聊天。每次開會時，彼得會請對方喝茶，也會花一點時間聊聊和工作無關的事。

和成員討論工作問題時，彼得會花時間徵詢對方意見，專心傾聽，不打斷對方的話，而且和他們一起想解決辦法。最重要的是，他創造一種「不責怪」的文化，方法是把焦點放在建立信任和解決手邊的問題上，而不是責怪犯錯。

彼得做這些改變的三個月之後，我們又安排一次後續的回饋報告，訪談他的團隊。這次，團隊成員的反應令人稱奇，以下是他們的一些評論：

- 彼得有很大的變化，他是個好主管！
- 我很幸運能和他共事。現在和他講話自在多了，我覺得他一定會幫我，特別是有問題的時候。
- 我很驚訝他記得我的生日！感覺很窩心。

先前我談到善意，在職場上，發揚善意不僅是做好人而已。別誤會，不見得要做多偉大的事或砸大錢，關鍵是花心思，最重要的是心意。也許只是在加班時請團隊吃披薩，即使你人在世界的另一頭，但是當地很可能有外賣服務，可以幫你把披薩送到團隊手裡！不管你用什麼方法實踐善意，放手去做就對了，你的團隊一定會很感激，也會印象深刻。

角色轉換，員工的煩惱一目瞭然

一九八〇年代，賴特曼（David Letterman）主持談話節目《深夜》（*Late*

Night）早期，經常有個橋段，叫做「深夜猴子攝影機移動單元」（Late Night Monkey-Cam Mobile Unit）。一隻背著背包、穿溜冰鞋的猴子，頭上戴著攝影機，在拍攝現場跑來跑去，將牠所看見的事物拍下來。那個攝影機堪稱當今的運動相機前身，運動員穿戴這種攝影機滑雪、騎自行車，或是在野外登山。

賴特曼的觀眾透過猴子頭頂的攝影機鏡頭，看牠溜冰、在攝影棚竄來竄去、爬過賴特曼的書桌、在棚內的攝影機之間穿梭，都忍不住哄堂大笑。想當年我第一次看這個橋段時，最令我嘖嘖稱奇的是現場觀眾（和電視機前的觀眾）邊大笑、邊觀看猴子鏡頭所顯示的影像：迅速掃過賴特曼書桌上的東西、攝影棚旁邊一架斜放的梯子，然後是長時間凝望一條坡道的邊緣。

這和我們以前見過的東西都不一樣——誰都見過尋常擺設的桌子、梯子，猴子邊溜冰、邊觀望的東西，大家也不陌生，不尋常的地方在於視角。雖然這個橋段很傻氣（當然是賴特曼故意設計的），但是視角改變，讓許多我們習以為常的東西變得有些陌生——透過不同的鏡頭，每樣東西看起來截然不同。

回到營建模型的第二個字母U，它代表領導者真的了解營運團隊內部動能的能力，能力的高低取決於他能否從不同的視角端詳情境。為了能替團隊的成員保全面子，並了解複雜的障礙，身為領導者的你，必須能從不同的角度審視情況。

領導者可以從四種不同的視角，審視多元文化環境中的複雜議題：第一人稱、第二人稱、間位（meta position）和直升機（見下頁圖）。

第一人稱視角最簡單：從我個人的角度來看，現在的情況如何？這是你面對任何情境時採用的第一種觀點。從我的立場來看，現在情況怎樣？對我會有什麼影響？以我所見到的情況為基礎，我有哪些選項？很重要的一點是，不要太重視也不要太輕忽你自己的視角。有些人稱這種觀點是「直覺」，很多時候這種直覺挺準的，可是當你處理的是多元團隊的複雜情況時，時區、地理位置、文化、政治都可能影響情況，因此超越自己認為理所當然的觀點，是很重要的。

第二人稱視角是設身處地站在他人立場的能力。當你審視複雜的問題或是衝擊成員與跨部門同事的障礙時，試著站在對方立場思考。假設自己是「他們」，你會有什麼感受？你認為他們為什麼會做出那種的行為？可能是有什麼因素影響他們做決定？把你自己放在別人的立場，就不會侷限於自己的價值觀，容許自己考慮其他的可能性，對目前正在發生的事情，逐漸發展更完整的圖像。

間位是最容易、也最難占據的位置。站在間位上，你的職責是身居目前這個情境的中央，吸收所有資訊，保持耳聰目明。之所以容易，是因為你的主要目標是吸收關於特定情

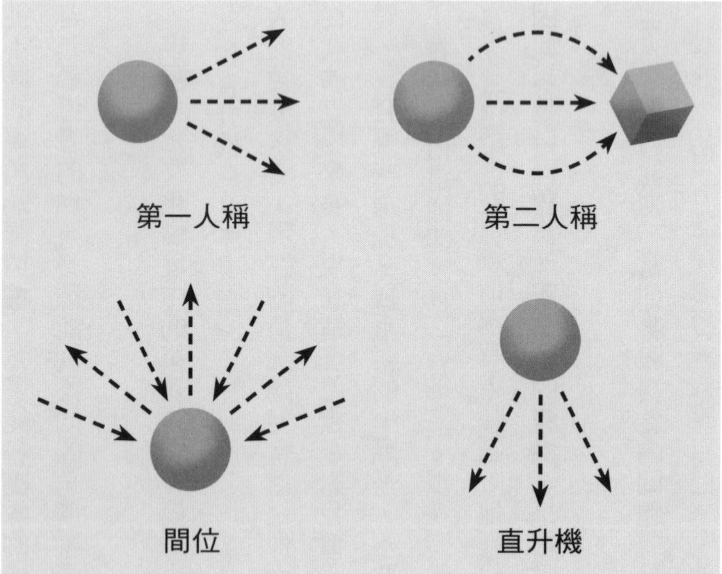

境或問題的所有資訊；之所以困難，是因為你需要擱置自己的偏見，盡可能保持開放。問問自己，根據目前的觀察，我可能有哪些盲點？有什麼正在發生的事是我不曉得的？有什麼話被壓抑？我要給相關人員什麼建議？等你達到第三視角（間位）時，就能綜合一切資訊，評估整體情況，哪怕無法讓每片拼圖都到手也無妨。不過，接下來還有一個視角。

直升機視角容許領導者後退一步，從一段距離之外審視手邊的情況，也就是見樹亦見林。因為退後，就能看見所有與利害相關的人員如何互動，也較能察覺問題的根源，看它如何影響每個成員，並能用較透徹的方式應付問題。

有個例子是湯姆・漢克（Tom Hanks）主演的電影《浩劫重生》（*Cast Away*）中的一幕。電影開幕後不久，漢克飾演的角色所搭乘的飛機遇到颶風而失事墜毀，他攀附救生艇，在大海中載浮載沉一整夜後，登上一座熱帶島嶼的海灘。他蒐集飛機的許多殘骸和其他材料，勉強活下來。

他沿著沙灘遊蕩，進入叢林，想要判斷自己在哪裡，至少必須認識所處的環境。他不知道自己究竟是在一座島嶼、還是在一大片領土的邊緣，更不曉得附近有沒有人能協助他。一直到爬上島嶼最高的山丘，又沿著四周走一遍，他才確定這是一座迷你小島，四周除了海水別無他物，這下才發現自己真的是孤獨一人，必須完全靠自己生存。

有句話說：「別當井底之蛙。」坐井觀天的青蛙對世界的認識極為狹隘，唯有爬出（或跳出）深井，青蛙才能用比較完整的視角觀看世界。就像在《浩劫重生》裡漢克的角色，或是深井裡的青蛙一樣，領導者在與一群多元人才共事時，必須面對複雜的狀況，如果不能退一步審視完整的情況，就無法真的理解問題或障礙。只有綜覽全局，領導者才能找到解決辦法，才能看清一項決策如何影響組織中其他人的決定。

所有複雜的組織都是由人與人之間的溝通所構成的網絡，這些人工作的地點有的近在咫尺，有的遠在天邊，全球領導者必須明白每項決策都會產生衝擊，程度遠超過一般人所料。

領導者如果能掌握複雜的企業環境所產生的情況，也能找到對策，直接解決眼前的狀況，就算碰到危機，最終也能保持團隊的生產力，並保住面子。

與人互動，有九成訊息來自你的肢體語言

有一位新加坡的高階主管來找我，情緒看起來相當激動。我問他發生什麼事，他說：「我的主管覺得我很笨，認為我是白痴。」

我見過他的美國主管，當下的第一反應是之間一定有什麼誤會。我說：「你確定嗎？你的主管對你說什麼？」

他說：「我們有一項已經在執行的計畫，我正在向主管報告時，忽然發生一件事，我需要立刻做決定。於是我暫時離開，等做了決定之後，又回去繼續向主管報告，並把剛剛的決定告訴他。他說：『好吧，那個不必用大腦（no brainer，譯按：意指不必費腦筋的事）。』」

我馬上向客戶解釋，他的主管不是在批評他的智商，主管的意思是他這項決定合情合理。

營建模型的第三個字母I代表互動。為了成為有效率的領導者，你的技

能組合必須包括與主管、同儕、直屬下級、商業夥伴、顧客完整互動的能力，無論他們和你共同在一個辦公室上班，或是人在好幾千里之外，都應該做到。互動的範疇遠超過語文溝通能力，或是透過電子郵件、簡訊溝通的能力。

研究顯示，人們溝通的時候，尤其是演講或做簡報的時候，只有七％的訊息是透過他們使用的字句表達，其餘九三％的訊息是經由肢體語言、音調、節奏、速度、音量來傳達。

我先前的舉例中，客戶以為主管批評他「無腦」，因此反應激烈。其實主要的誤區是這個主管使用通俗口語。用詞遣字當然重要，可是在與任何團隊共事時，不靠語言傳達的意思，和語言傳達的分量是不相上下的。

這裡還有一個例子。你正在進行一項複雜的計畫，必須做一個決定，可是不管怎麼選，總有人高興、有人生氣。你傳簡訊給一位海外的同事，告訴他你的決定，不久後他回覆了，內容很簡單：「喔，簡直太棒了。」

究竟這位同事是贊成還反對？他接不接受這則新消息？如果沒有上下文，他回答的這幾個字可能代表完全相反的意思。他可能認為你做了很好的決定，所以如釋重負，但他也可能覺得你的決定爛透了，害他需要負責額外的工作。

同樣的例子，如果不是用簡訊傳達，而是在辦公室裡直接走到同事旁邊，面對面告訴他你的決定。這回你正確理解他反應的機會可以增加多少？為什麼？他或許會對你講完全相同的那幾個字，可是加上幾個簡單的姿勢，譬如微笑、臭臉、握緊拳頭、摀住臉，你就會準確知道他的立場。在這種情境下，沒人會因為訊息詮釋錯誤而丟面子。

你需要同時注意語文（verbal）和非語文（nonverbal）訊息，這點很重要。不過人際互動還有一個層面，在與周遭的人發展情誼時也一樣重要：建立信任、確認關係。這聽起來像常識，但對有些人來說卻是挑戰。可是，若不與共事的人緊密連結，除了對方的話語和行為，你別無著力點。

不妨這樣思考：互動的關鍵是此時此地。面對面溝通時，你只需要考慮詮釋語文和非語文訊息本身，假如你與團隊已經建立和善關係，或是彼此有堅固的情誼，這時有團隊成員傳訊息給你，你就會依照自己對他的了解（他的渴望、偏好、動機、性格）來理解他傳來的訊息。假如你聽到某人說：「我知道他說什麼，可是我了解他，那不是他的意思。」你就曉得說話的人之所以敢這樣說，是因為他已經和對方建立友好關係。

你可以看出來，想要發展強大且有凝聚力的全球團隊，有一項基本功夫就是熟悉與了解團隊成員。了解同事的感受，你就能克服許多潛在的溝通地雷。如果有人說出完全不符合他個性的話，你第一時間就會想到他大概是口誤，不然就是使用你不熟悉的字眼或詞語。

除了有效溝通的能力之外，發展與團隊成員的情誼還附帶一個好處，簡單來說，就是共事同仁都會把你看成友善的領導者。下面就是一則例子。

不久前，我輔導過一位客戶，表面上看都很順利：他服務的公司在業界地位都很崇高。這位客戶的表現優異，銷售業績向來都是公司的佼佼者，總能超越銷售目標，薪酬年年高居公司金字塔頂端。然而，幾次升遷機會他都錯過了，儘管達成大部分的績效目標，他仍然無法攀上公司的晉升階梯。

身為高階主管教練的我，接下案子後的當務之急，就是進行三百六十度回饋報告，也就是訪談新客戶身邊的相關人士，藉以了解這位主管在他們的眼中是什麼模樣。訪談客戶的同儕、直屬下級、主管時，我列下一連串的問題，請他們針對該主管的整體績效提供匿名的回饋。沒想到結果讓人大吃一驚：

他不懂團隊合作。

他只有需要什麼東西的時候才會和我說話，從來不會主動幫助別人。

他表現得好像成功是他一個人的功勞。

他不喜歡和別人合作。

我和客戶檢討這些評量結果時，他聲淚俱下，覺得自己被誤會。他早就立志成為最佳業務員，經常在辦公室待到深夜，忙著打電話或蒐集某位潛在顧客的資料。事實上，他很感謝與他共事的所有人，只是從來沒有花時間認識對方、表達感激之意。

我告訴他，如果周遭的人不喜歡或不信任你，業績再好也是枉然。我們進行腦力激盪，為他擬定幾個簡單的步驟。每天下班時，他必須反思當天發生的事，接著問問自己：「我應該感謝誰？」然後寫一張便條給對方，表達誠懇的謝意。其餘步驟包括「主動向同事提供協助，主動跟人打招呼，並表現出感興趣。」關鍵是真誠。

建立情誼所需要的不僅是對別人證明你是個有趣的人，更重要的是表現你對他們感興趣。有趣只能維持幾分鐘，感興趣卻能創造長久的情誼。

六個月後，我們又做了一次三百六十度回饋報告，結果一目瞭然。

他簡直變了一個人，變得性格溫暖、喜愛助人。

他很努力建立情誼，最近和他共事容易多了。

我很期待和他共事，他啟發我們發揮所能。

互動牽涉到訊息和傳遞訊息的方法，也關係到創造清晰對話的條件。當然，有效互動的能力也會創造出強化「面子」的環境。

擴展學習領域，技能也會隨之提升

營建模型的第四個字母Ｌ代表學習。

微軟公司創辦人比爾蓋茲（Bill Gates）是世界上資產數一數二的富翁，最近他透露此生最大的遺憾之一，是沒有學習第二種語言。他曾說：「我覺得自己很愚蠢，竟然不懂任何外國語言。」

想想看，有九〇％以上的電腦用戶使用這個人創辦的公司所生產的軟體。如果這還不夠看，他創造的事業第二春更是前無古人。比爾暨美琳達·蓋茲基金會（Bill & Melinda Gates Foundation）是舉世規模最大的慈善基金，成立後致力解決全球最棘手的問題，包括貧窮、水汙染、瘧疾等。即使有如此偉大的成就，他依然想要學習。

這個例子說明，地表最成功的人、最偉大的領導者都有不斷學習新知的迫切渴望，他們曉得面對龐大的計畫時，個人的知識基礎很渺小，而世界的快速變遷，也需要他們時時努力，以求跟得上時代。這樣的人在成年之後，依舊保持著年輕時的好奇心。

我告訴客戶，學習有四個P元素：Passion（熱情）、Practice（練習）、Persistence（堅持）、Pattern Recognition（辨別模式）。我很快解釋一下。

熱情就不用解釋了，它指的就是學習動機。除非你能激發學習新東西的熱情，否則你不會想學。

練習也不言可喻，就像俗話說的「熟能生巧」。作家葛拉威爾（Malcolm Gladwell）在他的暢銷書《異數》（*Outliers*）中解釋，披頭四樂團（The Beatles）的創作天分並不是四個團員才華的總和，而是因為他們早年在德國不入流的夜總會裡，花過上千個小時演奏樂曲。無數個夜晚，成員長時間工作，打工所得只夠勉強維生，不過重要的是，他們在那段歲月裡不斷練習、磨練技巧。練習使他們的天賦得以開花結果，進而顛覆樂壇。

堅持是第三個P，它促使人們超越自己認定的能力極限。堅持是人們再檢查一次計算公式、再多做一次伏地挺身、再重寫一遍報告的緣由。有句話說：

「假如很容易的話，人人都做得到。」唯有堅持不懈的人，才會想方設法完成困難的目標。

辨別模式是你一旦掌握前三個P之後，付出努力的必然成果。當你開始駕馭某項特定技能或主題，學到足夠的知識時，就會辨識出別人看不見的模式或趨勢，這就是辨別模式。此後你的技能會變得更高超，手邊的任務也會變得容易達成。

先建立信任，溝通成效跟著上升

營建模型的第五個字母D是實踐，指的是統合與落實營建模型。

你已對團隊證明自己會展現善意和責任感，而團隊成員透過你的行動，也看出你將他們的最佳利益放在心上。你已經努力了解本地和全球團隊的動能，從不同角度（面對面和遠距）審視過團隊。你與團隊經常互動，逐漸熟悉他們的興趣以及私人目標、職涯目標，並對他們感興趣。你鞭策自己學習更多個人工作技能和團隊整體的職能，也研究公司準備進行的計畫。實踐就是把這一切全部合為一體。

營建模型肯定對所有組織規模的領導者有益，但是對跨文化工作的領導者而言特別重要，因為營建模型給予他們必要的工具，克服語言、文化、時區、政治、地理的差異。營建模型是強大的組合，是領導者壯大實力的關鍵，它能鞏固本已強大的團隊基礎，可以挽救受困於辦公室政治或整體機能不彰的團隊。有了營建模型，你的團隊可以變成一支交響樂團，齊聲奏出和諧的樂曲。

現在我們來看看，當生活或公事發生劇變時，你該怎麼做。

成功的領導者天天都在面對曲球。所謂曲球，我指的是意料之外的情況，乍看之下它的發生似乎沒道理。如果運用得宜，營建模型可以幫助突破這類情況，得到比較好的結果。我們來看看下面這個例子。

開拓重工（Caterpillar，或譯卡特彼勒）公司專門生產機械、施工器械，在全世界各地都有提供服務。我認識該公司一位資深高階主管賴瑞（Larry），他在美國出生、長大，後來派駐泰國，負責製造開拓重工的產品。賴瑞有個客戶是工業供應商，經銷大量開拓重工的機械。他和賴瑞見過幾次面之後，兩人開始討論開辦租賃計畫的可行性，目的是讓他的顧客不必購買機器，只需租用即可。

賴瑞依循營建模型，採取所有步驟。他不斷會見那家供應商的主要聯絡人，正式會議和社交場合都有，藉此建立以信任與友誼為基礎的關係（善意）。賴瑞花時間研究供應商的業務，以及對方顧客的需求（學習）。根據學習所得，他率先想出機械租賃業務的新點子，顯然符合供應商顧客的需求。為了進一步充實租賃業務的概念，他和那位主要聯絡人共同決定，將租賃的想法呈報給聯絡人公司的副總裁，順利的話，最後將會遞到總裁的面前。

供應商的副總裁和他們開會，討論短期租借開拓重工的機器給他們公司顧客的想法。開完會後，那位副總裁的態度更熱絡，他覺得這正是公司所需要的東西，建議雙方一起把點子提交給公司總裁，還指點賴瑞該怎樣做簡報，比較容易獲得總裁支持。

接下來那個星期，賴瑞和兩位主管與供應商公司的總裁一起坐下來詳談。

賴瑞向總裁推銷他的點子，用上副總裁傳授給他的幾個祕訣，解釋為何租賃機械業務可能給供應商帶來大筆生意。賴瑞覺得自己很有說服力。

總裁專心聽完賴瑞的簡報，不動聲色的轉向自家公司的兩位主管，用泰語低聲對他們說了幾句話。賴瑞不懂泰語，只好耐心等待總裁的反應。總裁終於回過頭來，冷靜、慎重的對賴瑞提出幾個理由，表示他不認為租賃業務會成功。賴瑞趕緊拿紙筆記下總裁有所保留的意見，問題雖然確實存在，可是他覺得每個問題都很容易解決。

可是在賴瑞有機會提出問題對策之前，他的主要聯絡人和那位副總裁馬上開始呼應總裁的顧慮，甚至提出其他的障礙，認為可能會導致租賃業務難以成功。這兩位持續表達顧慮，似乎已經決定要支持總裁剛剛講的每一點。

賴瑞坐在那裡沉默了一分鐘，內心的反應很強烈：這兩個傢伙一點骨氣也沒有！他們害怕主管的程度，已經到了只要主管露出一絲不同意，就立刻倒戈投降。他們曾經挺身而出過嗎？我怎麼能信任從他們嘴裡講出來的任何事呢？

但是賴瑞沒有露出生氣或沮喪的樣子，反而立刻擱置對這個情況的第一印象，他決定退一步，重新再出發。賴瑞從經驗中得知，這件事背後恐怕另有玄機，他冷靜的詢問總裁，可不可以再給他一點時間，等他想好如何因應總裁提出的顧慮，再回頭來討論。兩位主管頗為支持賴瑞的建議，於是總裁也痛快的答應了。

這場會議結束後，賴瑞和兩位聯絡人走到另一間會議室討論。賴瑞沒有指責或生氣，只是詢問兩位主管問題，請他們針對剛剛會議的情形發表意見。經過討論之後，賴瑞很驚訝的發現，這兩位主管竟然覺得會議很順利，他們解釋自己之所以迅速改變立場，只是出於尊敬罷了，這樣就不會製造衝突、讓總裁丟面子。

總裁已經在會議中簡短向兩位主管提及，數年前他曾推動過另一個產品的租賃計畫，那次的經驗很慘痛，結果以失敗收場。這兩個主管曉得，如果嘗試在當下駁倒總裁，就算有可能成功，機率也很低。

賴瑞回到自己的辦公室，花了好幾天的時間，針對總裁的顧慮擬出解決對策。過了幾天，他先聯絡兩位主管，和他們商量自己的對策，對方也提供額外的回饋意見。接著賴瑞整合所有資訊，又準備另一場簡報，安排和總裁與兩位主管開後續會議。

在第二場簡報上，賴瑞一開場就認同總裁的顧慮，並歡迎他所提出的意見，因為任何租賃計畫的成功，對他和對總裁都一樣重要。然後賴瑞開始針對每一項問題提出對策，看起來足以化解總裁的顧慮。

這次總裁微笑以對，感謝賴瑞的簡報，然後轉向兩位主管，指示他們開始動手準備推出租賃計畫。多年後，那家供應商的租賃機械業務，成為開拓重工公司的第二大營收來源。

這項經驗說明了營建模型可以幫助領導者應付多元文化的挑戰。賴瑞沒有放任自己原先的衝動，認定那兩個主管沒有骨氣，因此不值得信賴。

反之，他增加與兩位主管的互動，以便更深入了解整個情勢。他保持冷靜，和兩個主管保持正面關係（善意）。他花功夫去研究兩個主管和總裁之間的問題在哪裡（了解）。他一再與兩位主管商量，請他們提供建議，最後才和總裁開後續會議（互動）。他還花時間探討真正的障礙何在，因此能找到解決方案（學習）。最重要的是，賴瑞將這一切統合起來，才和總裁進行第二次會議（實踐）。

因為每種情境都獨一無二，領導者需要知道營建方法是必須持之以恆的工具，它不是一旦完成就可以拋在腦後的任務。他需要持續使用，直到問題釐清，解決方法也都實行才算數。

上面這個例子也點出許多問題當中的一項，那就是如果沒有好好使用營建模型，哪怕是最周全的計畫也可能脫軌。以這件個案來說，兩位主管在總裁開口表示有顧慮時，驟然改變行為，這樣的情況很容易得出兩種截然不同的解釋，端視解釋的人屬於什麼文化背景。

如果你來自西方文化，你的認知多半是這兩個主管太軟弱了，簡直是牆頭草，沒辦法為自己相信的理念挺身而出。可是如果你是來自亞洲文化，你的認知大概會是兩位主管只是因為尊敬主管，所以表現服從的態度，他們知道那個時候不是「敲定結果」的時機，而是重新組織、計畫下一個步驟的時候。

賴瑞一邊顯露善意，一邊花時間了解主管的觀點，明白他們的立場為什麼突然轉彎，變成不支持原來的提案，這是負責的一部分。賴瑞持續應用營建模型，才得到後續會議的機會，最終談成生意。

在這個案例，營建模型揭露亞洲主管的一種傾向：他們常常會先「保留面子」，以便事後再來處理問題。亞洲文化偏向避免衝突，也不喜歡各種冒險、搶鋒頭、追究責任的觀點，這些只是領導者每天必須面對的一些挑戰，更重要的是，他們必須在這類變數冒出來的時候察覺到。不過，先讓我們講清楚這一切的脈絡。

在很少見的情況下，確實有可能不需要動用營建模型。理論上，我們可能假設一支團隊的所有成員完整分享所有資訊，也有可能團隊成員在一起的時間太久了，大夥兒長期休戚與共，因此任何成員所採取的行動，都會完全得到其他人的理解。我猜想這支團隊也有可能和一群客戶共事，而對方的立場和團隊完全一致，因為每個人都了解他人的動機和目標，才會同心協力，沒有任何衝突或挑戰。

儘管在真實世界裡或許存在這類情況，可是天底下很難有這麼容易的事，即使在最好的情境中，團隊成員還是會流動，計畫會更迭，文化問題永遠都會產生影響，而挑戰必然會出現。

換位思考，讓團隊增加工作效率

周哈里窗（Johari Window）理論是由美國的心理學家英厄姆（Harrington Ingham）和盧夫特（Joseph Luft）所創，最初目的是協助人們改善彼此的關係。在此我不講太多細節，重點是周哈里窗的觀念很能凸顯領導者日常面臨的挑戰。這套理論的基本概念是，無論碰到什麼問題，總有你知道和不知道的部分，這些狀態的許多組合，造成領導者與團隊的衝突與混亂。

營建模型所創造的環境與過程所克服的那些衝突種類，往往根源於丟面子，或是丟面子的可能，以下的例子足以說明這個論點。

我有一個客戶是美國的家具製造大廠，他們問我，如果想要釐清公司與中國製造夥伴之間的問題，管理階層要怎麼做？這家公司設計了一條新的茶几產品線，在中國東莞找到一間合作的家具工廠，專門生產這些茶几。

這家美國家具公司和中國工廠過去已經合作很多次，生產各種設計的家具，可是這次卻出問題。美國公司把一套茶几的細部藍圖傳給工廠，和過去一樣，公司和工廠訂出時間表，可是隨著第一批樣品交貨期限逼近，工廠卻一直說他們需要更多時間。於是又敲定第二次交貨期限，沒想到又延期。

就這樣延期好幾個星期，眼看大型家具展覽會即將登場，問題變得十分急迫，美國公司派遣代表飛到東莞，察看茶几和另外幾樣產品的生產進度。

美國團隊被帶到工廠展示區看茶几的樣品，它們的桌面和桌腳確實按照藍圖設計，呈現出搶眼的木雕細節，看起來很浪漫。但有個明顯的問題：每一支桌腳的中間都有一根發亮的金屬桿連接另一支桌腳，剛好把茶几繞了一圈，像是腳踏板。木雕曲線精緻細膩，和光滑的金屬桿格格不入，這兩種元素根本不搭。最重要的是，藍圖上完全沒有這些桿子的蹤影。

美國團隊的領導者看了一會兒，抬起頭來問工廠經理：「你們為什麼要在桌腳上裝這些桿子？」工廠經理說：「這是改良的。」美國團隊成員面面相覷，大家都一頭霧水。過了一會兒領導者又說：「其實，我只希望你們按照我們的藍圖做，只要根據我們的設計製造桌子就好。」

事情交代完後，美國團隊打道回府。接下來的幾個星期，生產進展相當緩慢，雙方透過視訊會議開會，不過美國人可以清楚看到，工廠方面雖然已經做了一些改變，可是金屬桿子仍然在茶几上。

他們催促工廠經理完全按照設計製造，經理也拿了紙筆寫下來，輕輕點點頭。下一次開視訊會議時，桿子竟然還在！

美國團隊只好自己召開內部會議，他們不了解究竟是怎麼回事。中國生產團隊真的認為金屬桿是原先的設計嗎？他們究竟是故意違抗或是辦事不力？為什麼就不能遵照藍圖設計生產呢？

我和美國的團隊碰面時，他們說明最新的情況，我也無法解釋中國團隊為什麼是這種反應，不過我很確定一件事，那就是必須解決兩支團隊溝通不良的問題。

我推薦美國家具公司指派他們在東莞物流部門的一位當地經理，出面在中國工廠裡開設一個據點，這樣美國公司和中國工廠都可以找他提供指引，以便進一步了解情況。那位當地經理雖然對家具的經驗不足，但因為他是本地人，所以可以經常和工廠方面對話。

不到兩天的時間，當地經理就聯繫上美國團隊——他找到答案了。原來工廠不肯拿掉金屬桿的原因，是藍圖上桌腳和桌面連接的設計與平常不一樣，採用以前從來沒用過的金屬物件，工廠不曉得如何取得合適的零件。可是，中國工廠沒有立馬反應，因為他們覺得承認自己拿不出對策很丟臉。

美國團隊了解問題之後，向中國工廠保證，美國公司對他們信心十足，希望雙方一起解決這個問題。最後兩支團隊合力找到所需金屬物件的供應商，終於製造出完全按照藍圖設計的茶几。

這個案例清楚說明與全球領導有關的社會動能有多麼複雜，當一方不知道某些資訊時，又會發生什麼狀況。例子中的美國團隊知道他們想要的家具設計是什麼樣子，他們知道應該如何製造這款設計，也知道過去和那家中國工廠的合作很成功。然而，他們現在不曉得為什麼東莞的工廠就是製造不出可以接受的產品。

不知道的因素導致美國團隊在評估中國夥伴時，產生不正確的認知，覺得對方不是太固執，不然就是沒能力——這個不知道的因素就是中國工廠不熟悉產品設計中的某個關鍵零件，卻又害怕丟臉，因此遲遲沒有向美國夥伴承認此事。後來美國團隊採用營建模型的辦法，特別是其中的了解、互動、學習層面，終於明白問題不是出在固執也不是無能，而是保留面子的重要性。

你如果知道領導者有多麼常碰到類似的情境，一定會感到驚訝。了解保留顏面的需求是一回事，但全球領導者要如何找到保全面子的場合與方法，則是箇中關鍵。

第 7 章

你說這話什麼意思？就是字面上的意思

想想你每天通勤上班的事。沒啥好想的，對吧？對我來說，出門發動汽車，很快就到停車場，準備應付新的一天。當然，你需要小心駕駛，除此之外，路上的每條街、每個交通標誌、每座郵筒、每家星巴克，你全都瞭若指掌。開車上班不費吹灰之力，你根本就是自動駕駛。

再試想一下，上一次你必須開車去某個陌生地點的情況。你可能在上車之前就已經查過方位，也可能很幸運的擁有導航系統，幫你抵達目的地。無論是哪種情況，我敢打賭你得花上比平常更多的時間，反覆確認路上的每個交通標誌、注意該轉彎的街角加油站，到了最後一個街區，更是謹慎的檢查每個門牌號碼，以確定自己找到正確的建築物。即使在不熟悉的街道上開車，都可能是個挑戰，不過這難不倒你，你曉得怎麼開車，只要小心一點，多半能平安抵達目的地。

再試試這個。

你曾在靠道路左側駕駛的國家開過車嗎？連駕駛座和方向盤也得換到右邊。車子的機械部分完全相同，每樣東西都沒有變：四個輪胎、引擎、方向燈都一模一樣，該有的東西都有，可是每樣都和你所熟悉的完全不同。左轉時，你不必和對向來車交會，而是和在自己的國家右轉時一樣，直接切入車道即可。你現在駕駛的方式和普通開車上下班時沒兩樣，但這次如果你轉入自動駕駛模式，搞不好就車毀人亡了。

跨文化工作和第一次在外國開車很像，太快切入自動駕駛模式也很容易撞車。在技術方面（駕駛技術與領導能力），這些年來你已經駕輕就熟，現在忽然換到國外的情境，本來十分成功的技能恐怕會變成障礙，甚至釀成災難。一旦跨越國際疆界，某些等同常識的商業實務就沒那麼常見。

我輔導《財富》雜誌五百大企業（Fortune 500）的高階主管已經有二十幾年的經驗，類似情境一而再、再而三的發生。我有個客戶強恩（John）是成功的高階主管，他奉命前往國外為公司拓展業務。強恩找到一個海外供應商，判斷這家公司擁有他們正在尋覓的資源和經驗。他匆匆和對方開了幾次會便簽約，認真展開新的合夥關係。過去強恩在公司每次成功的計畫，都事先設定好目標和嚴格的期限，所以這次他也和這家經銷商約法三章，一切都已就緒。

可惜情況並非如他所料，合約上有些項目達成了，但有許多項目卻沒實現。有些目標雖然達成，卻不符合正規要求。強恩發現情況不對，開始對新夥伴施壓，要他們必須遵照合約規範，否則將撤銷合夥關係。不久後，強恩發現施壓反而讓情況雪上加霜，對方的進度拖得更慢。強恩在公司堪稱長青樹，一直是成功的典範，由於過去的方法管用，所以他在開辦這次新事業時，進入自動駕駛模式。他始終都沒注意到，自己現在是在逆向行駛。

文化冰山，該如何打破？

假設你到本地的麥當勞用餐。進入餐廳，每樣東西都很熟悉——磁磚地板、櫃臺前排隊的顧客，甚至放在臺面的吸管和調味料。你開始排隊，仰頭看菜單看板……好像哪裡不對勁。

沒錯，你看到麥香魚，可是找不到大麥克，甚至沒有四盎司牛肉堡！反之，你看見麥當勞員工把雞肉餅放進裝滿香料的蠟紙袋。旁邊的顧客點了一碗大米粥，上面撒著肉丁、薑和辣椒，另一位顧客點英式滿福堡，上面塗的是酵母醬（Vegemite）。雖然你覺得很詭異，還是點了麥香魚堡和蘋果派，可是仔細一瞧，蘋果派裡裝的，竟然是……芋頭餡？

別擔心，你沒有走進平行時空，菜單上面的餐點都是真有其物，只不過地點是海外的麥當勞。

你也許會問：麥當勞幹嘛捨棄千錘百鍊的配方？答案當然是因為各個國家都有自己獨特的文化和風俗。麥當勞了解這點，雖然麥當勞經驗中有許多層面在全世界都通行無阻，但有很多食物必須經過調整，以適應每個國家的顧客和文化獨特性。因此，印度麥當勞餐廳賣的蔬食漢堡相當暢銷。

對於在全球做生意的公司而言，文化的意義更深遠。不妨將每種文化想成一座冰山，最清晰可見的當然是頂部，你對其他文化的認知，像是當地人的說話方式、習性、肢體語言是最明顯的部分，彷彿冰山的尖頂。你得記著，任何冰山都有很大一部分沉在水底下，完全看不見。

這也是文化運作的方式。你與其他文化的人溝通時，感知到的視覺線索十分清晰，但是那些行為背後蘊含的底細，就沒那麼明顯。一個文化的動機、傳統、歷史、宗教信仰都會形塑個體行為，卻不容易從外表看出來。所有這些影響都深埋在表面之下，占據文化冰山的九〇%。

我們來看一個例子。

你正在和中國東莞一家工廠來的幾位主管開會，你的公司和這家工廠簽約，製造革命性的醫療設備，最終目標是節省醫生和醫院的時間、金錢。你們彼此講了些輕鬆的客氣話，然後按照議程，開始請公司不同部門的人上臺做簡報。第一個報告的是一位工程部經理，他提出新的生產技術條件，工廠主管需要予以採納。接著是你團隊的一位行銷經理報告重點人物最新的訪談結果。最後，會計部經理提出建議，希望工廠主管增加額外的供應商，藉此採購新產品所使用的原料，以爭取更有競爭力的售價。

每場簡報，會議都很順利，唯有一點讓人很納悶：不管你和公司的幾位經理說什麼，中國來的工廠主管就是不肯和你對視。你的第一個反應是，他們瞞著你什麼嗎？這是很自然的反應，如果那些主管的眼神都躲著你，避免和你對到眼，你一定會猜想哪裡出錯、對方似乎有事不願告訴你。

這種反應的問題出在：西方人假設，躲避眼神接觸必定有不可告人之事，他們這項認知是基於自己的偏好、風俗、了解，也就是他們的文化冰山沉沒在水下的部分。

然而，很多亞洲人相信，迴避目光接觸是為了表達尊敬之意。在亞洲人的認知裡，持續盯著別人，可能會被當作太有野心或是不尊重別人。當某人以自己的文化冰山為基礎，去認知他人的行為時，往往會產生誤解。

我們再回到上面的會議。在公司經理做完簡報之後，工廠主管的反應大致是一聲不吭，也沒提問，即使你主動表示願意回答他們提出的任何問題，對方依然默不作聲。事實上，每次你提出一個是非題，他們都禮貌的點頭稱是。根據他們的反應，你假設他們完全了解，也同意你向他們解釋的一切，特別是你已經給對方詢問後續問題的機會了。

看到別人沉默，西方人的自然反應是假設對方沉默等於了解或贊成。不過，從亞洲人的觀點來看，沉默不見得代表那個意思，事實上，亞洲人保持緘默的最主要原因，很可能是不懂你在說什麼，另一個常見的原因是不贊成你的想法。他們不想冒犯你，或是害你丟面子，所以乾脆保持沉默。不說話的理由還有很多，但是贊成可不是其中之一！

文化無法一體適用

孔子曾說：「告諸往而知來者。」

保全面子和丟面子的概念深植於文化冰山中，而我們的行為與性格就是由文化冰山塑造而成的。不過，知曉人人都有一座文化冰山只是開頭，任何在極地水域航行過的水手都知道，成功的船長能辨識航道裡的冰山，事先就會擬定可以避開冰山的航行圖。船長仰賴他自身的「聲納」，而跨文化企業仰賴的則是我所謂的測人天線（human antenna）。

測人天線其實就是對別人的敏感度，當你與不同背景的人共事，或是必須迅速適應任何情境時，都會用上這樣的天線，只不過校正天線的方式跟效果好壞有關。使用手提收音機收聽訊號比較弱的電臺頻道時，需要把天線架起來，同理，領導者與多元文化、性別、世代、價值觀、性格的人共事時，也需要架起他們的測人天線。

我舉一個例子。鍾斯（Mark Jones）是一家電腦公司的高階主管，有一天他一大清早去機場接邱茉莉（Molly Chiu，音譯），她是與鍾斯的公司合作的物流公司高階主管，才剛搭飛機從亞洲抵達美國。鍾斯和邱茉莉打了招呼，將她的行李放進車裡，然後出發前往辦公室，準備參加這天一連串的會議。兩人簡短交談之後，邱茉莉說：「你這麼早來接我，一定很餓了吧！」

鍾斯回答：「噢，我一向起得很早，今天早餐還吃了不少，可以撐到中午。妳不用擔心我。」鍾斯可能該檢查一下他的天線了。

鍾斯的天線沒有正確接收邱茉莉的訊號，其實她的意思是她餓了，但是不能明說：「我們能不能先吃點東西？」不然就太失禮了。她不想暗示鍾斯沒有盡地主之誼，害他丟面子。

假如鍾斯跟著再問一句：「妳餓不餓？」情況也不會改善太多，因為邱茉莉可能會回答：「沒關係，我不想要遲到。」

如果鍾斯改成這麼說就比較恰當：「茉莉，妳搭了那麼久的飛機。不然我們先停下來吃點東西吧，因為今天會很漫長，如何？」

每天我們都在利用測人天線幫自己與他人互動。如果你平常往來的人都與你的文化背景相同（住在同一個城市、國家），你校正好的測人天線大概就是應付日復一日往來的熟人。

然而，對那些跨文化工作的人來說，就像想要收聽調頻（FM）頻道，但是測人天線卻接收到調幅（AM）頻道——這樣當然不管用。

在上面那個例子裡，鍾斯沒有察覺到高情境文化（High-context culture）和低情境文化（Low-context culture）的差異。來自低情境國家的人，例如美國人和荷蘭人，傾向將直接了當的資訊與意見當作溝通的主要目的。在商業環境中，低情境人們手上都有一個目標，溝通很直白，一針見血、廢話不多，只是欠缺一點人情味。

至於高情境文化，例如亞洲，人與人之間的溝通相當講究脈絡，喜歡根據過去的經驗行事，在本質和調性上都比較不明顯。在高情境導向溝通的商業環境中，發展和強化關係的重要性，不亞於處理手上的生意。事實上，在那些地方，企業的成敗往往取決於個人和組織之間關係的強弱。

以邱茉莉和鍾斯的例子來說，誤判的原因是低情境導向的人（鍾斯），搞錯高情境導向的人（邱茉莉）給的線索。不過，這類誤判不是單向的，兩方肯定都會犯錯。

回到那天稍晚的時刻，鍾斯帶邱茉莉拜見公司新上任的營運副總裁布蘭森（Jake Branson）。先前布蘭森已經要求邱茉莉構思一些想法，以提升供應鏈的效率。邱茉莉在簡報中提議，與其在中國東莞找一處大型倉庫囤放所有的產品，不如在該公司散布中國各地的生產設施附近設立小型倉庫，這樣可以節省整體運輸成本與時間。邱茉莉做完簡報之後，布蘭森謝謝她費心準備這次的提案，他說：「晚上我回去想一想。」

那天晚上邱茉莉回到旅館，打電話給中國的同事。她說和布蘭森的會議進行得並不順利，對方似乎對提案或對她這個人有意見，關於更改目前的制度，似乎有點遲疑。

在這個例子裡，高情境導向的邱茉莉把布蘭森「晚上回去想一想」的要求，翻譯成負面反應，也許是不喜歡簡報內容，或是不喜歡邱茉莉這個人。可是低情境導向的布蘭森說他要「晚上回去想一想」，意思真的只是想要「晚上回去想一想」！他很可能只是需要多一點時間思考手邊的選項。

一個文化究竟是高情境或低情境導向，大致會受到它的科技、政治、社會、宗教層面影響。以科技來說，它迅速擴展、加速人們每天溝通的方式，改變我們對高、低情境文化的了解。

在西方社會中，越來越多人覺得手機這個工具無可取代，它組織人們的生活、持續追蹤資訊、用來與人溝通。手機在人們的生活中隨處可見，那麼大部分的人是如何借助手機溝通的呢？他們不再用手機講電話，而是用傳訊息的方式，而且是傳很多很多訊息！

這點倒是出現有趣的現象。多數的西方人每天你來我往的傳簡訊，內容多半很短，譬如告訴別人自己會晚點到，或是針對會議或派對進行的情況，很快交換訊息。

雖然在美國經常會看見路人邊走邊盯著手機，或是發送簡訊、在社群媒體上貼文，但是這項習慣在海外更是有過之而無不及。以臺灣為例，人們不怎麼使用傳統的手機簡訊，而是喜歡使用第三方傳訊服務，例如LINE，社交性質明顯強很多。人們透過LINE分享熱門影片，或是自己前一天晚上吃什麼，基本上是把傳送訊息當作自己的社群媒體。

中國有很多人利用一個第三方應用程式溝通，也就是微信（WeChat），以此方式互傳訊息已經取代電子郵件。除了用這類簡訊敘述每天的活動，中國人也會傳篇幅長、細節多的文章，以及針對特定議題或事件的報導。尤其是年輕的「Y世代」，不僅用微信溝通，還會用微信做生意，他們主要的溝通形式就是傳簡訊。我親眼目睹一位中國醫生和病人將詳細的資訊錄音，再用微信收發彼此的訊息，藉此討論對病人的診斷，以及傳送處方箋資訊。

這項科技對高情境和低情境文化的影響很大。在中國，老一輩依然相當倚重高情境溝通，建立關係更是重中之重，一個人說什麼話，傳達的意思遠超過字句本身。不過年輕世代生來就會使用微信和其他科技，意謂他們溝通的人際脈絡已經超越當地城市，甚至遠達國界之外。年輕人對人際關係或互動的依賴程度降低，溝通風格也變得比較不在乎情境、比較直接。

這些各自不同的情況說明跨文化溝通很複雜，任何國家內部不存在任何單一文化，容許「一體適用」的溝通技巧。因此，測人天線和使用天線的能力才是有效的溝通技能。

正如低情境導向的人可能錯失高情境導向的人所傳遞的線索，高情境導向的人從低情境導向的人那邊得到的線索，也可能是無中生有。高情境與低情境導向的個體若想要有效與對方溝通，關鍵在於他們的測人天線。他們能否擱置自己的文化期望，重新詮釋己方正常溝通模式之外的線索？領導者若能培養適應陌生文化的技巧，而不是透過個人的視角看待對方，就能與所有文化的人溝通，看懂事物的本質。

一切型態的文化都會影響溝通與行動，缺乏有效管理文化差異的方式，勢必會引發誤會和丟面子。

反之，若能駕馭跨文化工作帶來的多元性，挖掘有用的資源與技能，將能為任何組織增添優勢。下一章就要討論領導者如何擁抱文化。

點石成金是我很喜歡的一句中國諺語，它完美的詮釋這個理念，也就是設法將無用之物變成寶貴的東西。

第 8 章

培養文化靈敏度，到哪都能有面子

回想一下那句中國諺語：「別做井底之蛙。」坐井觀天的人所認識的世界極其狹隘，唯有跳出深井，才能見到比較完整的景觀。

我們在習慣的環境中，為了保持尊嚴、建立信任而採取的保全面子原則，原本就已經夠複雜了，可是至少大家講相同語言、擁有類似的生活經驗，也有同樣的期望。一旦把跨文化的議題加進去，語言不同、成長環境不同、文化不同，要運用我們前面說的保全面子技巧，挑戰更是難上加難。如果你自認為言行完美無瑕，又怎能避免害別人感到丟臉？在多元文化下挽救面子或保留面子的層面，我稱之為文化靈敏度（cultural agility）。

什麼是文化靈敏度？簡單來說是一種能力，有這種能力的人從商業和文化角度觀察某個情況時，懂得應用在特定的文化情境中。

那文化又是什麼？根據荷蘭心理學家霍夫斯泰德（Geert Hofstede）的說法，文化是「一個團體或某一種人共有的心理模式，不同於其他團體。」美國人類學家霍爾（Edward T. Hall）則說：「文化所隱藏的遠多於顯露的事物，奇怪的是它隱藏的，最疏忽的竟然是相同文化的人。」綜合兩人的定義，文化是使每個團體獨一無二的東西，卻也是讓我們更難了解的東西。

如果把文化冰山、測人天線的比喻，加上重新學開車的意念，就能看出這些元素如何幫助領導者。這是什麼意思？我們來看看這些比喻全部放在一起，會產生什麼作用。

「重新學開車」的比喻言簡意賅，它幫助全球領導者體認：想要在跨文化環境中為公司或團隊闖出一個方向，或達到某個目標，不可遵循習慣走的老路。事實上，向前的道路可能違反他們的直覺。打造一條新路徑，需要領導者自己察覺，明白以前管用的方法在全球環境下可能不再奏效。

走一條陌生路徑向前進的挑戰，在於弄懂不知道的部分（文化冰山），領導者需要考慮到文化、語言、宗教和其他因素的差異，可能會影響到團隊或企業一起工作的情況；這些因素是團隊或企業通往成功前必須繞的遠路。文化知識（或欠缺文化知識）會衝擊團隊並肩工作的方式。

最後，測人天線代表領導者的一項能力：為了替團隊規畫終極路線圖，他們必須注意到跨文化團隊中微妙和粗略的差異。這種能力讓領導者能整合風格的改變，以調整文化和行為的差異，從本土心態轉變成全球心態。

自我覺察、文化知識、改變風格的能力——把這三個元素加總起來，你就擁有成功的領導者該具備的素質，也就是具有文化靈敏度的基本精神。

我來舉一個說明工作上文化靈敏度的完美例子，這個人就是我的小弟史蒂芬（Steven）。史帝芬有絕佳的文化靈敏度，身為全球導遊，他的生意就是帶領人數眾多的觀光團到全世界各地旅遊。他的主要顧客來自臺灣和中國，大部分完全不懂英文（也不懂法文、西班牙文、希伯來文……）。史蒂芬每兩個星期帶領一大團觀光客前往地球最遙遠的地方，唯一目標是確保旅途充滿樂趣、具有教育意義、安全，最重要的是井然有序。

每趟旅行途中，史蒂芬需要在任何國家的風俗與文化間遊走，需要知道每個國家有哪些食物可吃、團員喜歡吃些什麼。他需要知道團員比較想購物還是參觀博物館，還需要注意參觀義大利的天主教堂時，女團員必須戴圍巾遮蓋肩部，男團員穿的短褲長度必須蓋過膝蓋。

史蒂芬沒有旅遊過的國家寥寥可數，而每個國家都有自己的風俗、傳統和標準，史蒂芬必須在帶團的時候考慮所有因素，並滿足不同旅客的偏好。想想看，他曾遭遇過多少文化陷阱？他可能冒犯多少人？史蒂芬可以說是為了生計而培養出「行色匆匆的文化靈敏度」。

領導者需要文化靈敏度的場合，通常不像史蒂芬的旅途那麼混亂，不過他們可能遭遇的陷阱卻同樣危險。我再分享另一個故事，這位領導者還沒有培養出自己的文化靈敏度。

一家電訊公司的高階主管山姆（Sam）請我擔任他的教練。山姆被視為公司的明星，過去他的工作是和一支中國團隊共事，升遷之後，必須同時和中國、日本、美國籍的設計團隊合作。由於山姆過去很少和非中國籍的團隊合作，他的英文程度並不好。

山姆的主要責任之一是主持三方設計團隊的聯合會議，目的是開發新的平板電腦和個人電腦。過去他只和中國設計團隊共事，而團隊成員在中國文化薰陶下，通常很尊敬資深主管，也就是山姆。基本上會議都是由山姆主持，也由他拍板決定設計方案，然後再分配任務給團隊成員。

如今在新的全球環境下，山姆很快明白原本的動能已經改變。一旦設定好目標，團隊成員（尤其是美國團隊的成員）就提出他們的設計理念大綱，然後說服其他成員接受他們的設計方向。對於美國團隊自行構思設計理念，甚至要求其他團隊提供回饋，山姆感到很驚訝，他不知道該怎麼做，只能說：「很好。」然後就散會了。

此時，山姆自然想恢復過去順風順水的流程，他不理會美國團隊提出的設計理念，反而和他自己的中國團隊開會，要成員提出不一樣的解決方案。等到中國團隊的提案完成之後，直接將他們的設計案送到美國團隊手中。

美國團隊發現自己的設計被拋棄，山姆採用中國團隊的計畫，卻完全沒有和美國或日本團隊商量。美國團隊感到挫折，搞不懂既然什麼都要改，為什麼山姆還會說：「很好。」

在這個情境中的山姆欠缺自我覺察，沒有意識到他的行為相當「中國化」，也就是領導者如果不認識你或不信任你，就會對你的想法置之不理，反之，基於他與本地團隊已經建立關係，自然會偏愛他們的想法。山姆的領導風格是以階級與關係為基礎，不見得是以能力為基礎。此外，山姆因為文化知識而受到阻礙，為了美國員工的想法居然和中國團隊不一致而感到生氣；他也不明白西方文化歡迎創意、個人主義、據理力爭，反而為此感到吃驚。

由於山姆缺乏自我覺察，又不具備足夠的文化知識，不了解其他共事的團隊，所以無法改變自己的風格。結果他沒有創造一支功能強大的團隊，反而製造出三支相互內鬨的團隊。山姆是自己團隊的中心，也是問題的主要來源。在今天的全球經濟底下，領導跨文化團隊的能力變得越來越重要。身為全球領導者，意謂必須不斷改變風格。

異文化的翻譯蒟蒻——AAA模型

效能最高的領導者，是能適應多元員工與氛圍的風格改革者。AAA模型（Aware〔覺察〕、Acquire〔吸取〕、Adapt〔適應〕，見下頁圖）是為全球領導者設計的方法，也是幫助他們實踐大量觀念的工具組。這些觀念，乍看之下可能會有點不太自然或是違反直覺。

步驟一：覺察自己的文化（向內聚焦）

- 知道自己的文化與價值觀如何塑造個人的思考與行為。
- 知道自己的偏見。
- 對曖昧模糊之處感到自在。
- 管理自己的情緒。
- 覺察自己的行動與其影響。
- 公開談論文化差異與相似之處。

步驟二：吸取文化知識（向外聚焦）

- 盡你所能學習自己工作所在地的文化。
- 開發好奇心。

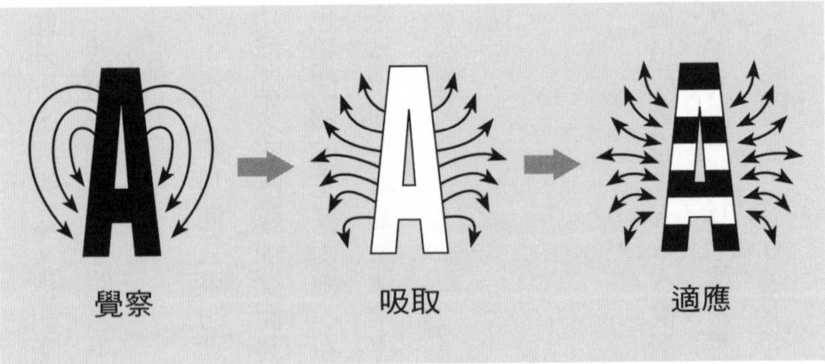

- 培養學習心態。
- 不要隨意下判斷、假設。
- 傾聽以與他人連結。
- 建立多元網絡。
- 發掘共通點以創造投入感。

步驟三：適應新行為（弭平差異）

- 對不同選項保持開放的態度。
- 將每個人視為獨一無二的個體。
- 接受並練習沉默。
- 展現同理心。
- 培養韌性。
- 感知微妙的訊息。
- 對每個人展現敬意。

- 避免產生區別「我們」和「他們」的心態。
- 時機恰當時可以改變風格。

全球領導者需要自我覺察自身的文化價值、假設，甚至是偏見。他們需要吸取其他文化的知識，了解並接受別人的架構，理解社會價值觀、語言、宗教與其他因素可能影響人們工作與溝通的方式。最後，領導者必須運用文化天線，偵測多元團隊微妙和明顯的差異，適應其行為，以弭平差異，發展創意的解決方案。AAA模型的關鍵元素是同理心和調適能力。

我們來看一個例子，認識利用AAA方法增加文化靈敏度的方法。

湯姆（Tom）是美國人，已經在某家大型多國企業工作將近六個月。拉吉（Raj）是印度人，才剛到這家新公司上班。他們兩人同屬一個團隊，向同一位主管報告，而主管則是美國人。

湯姆自己雖然也算新人，不過一段時間下來，已經適應公司文化，也了解主管的工作風格。這個部門底下的各個團隊，經常指定剛來公司工作六到十二個月的員工擔任菜鳥的導師，提供對方協助與指引。

拉吉剛進這個團隊時，湯姆很樂意以自己當新人時的經驗，提供拉吉一些建議，包括做事情的新方法，還有可以嘗試的考驗。根據兩人的互動，湯姆覺得他和拉吉之間相處很愉快。不久，主管把湯姆叫進她的辦公室，討論目前團隊工作的情況。令湯姆詫異的是，他提供拉吉在工作方面的建議和指導，竟然讓拉吉很不舒服。拉吉對公司的階級很敏感，認為主管以外的同事不該指示他該怎麼做事。拉吉把湯姆視為同儕，所以湯姆給他指示時，他感到很不高興。

主管告訴湯姆，她想尊重拉吉的顧慮，不過對於現在專案計畫中每個人的角色，她也感到滿意。主管告訴湯姆要注意拉吉的敏感，未來她也會多和拉吉互動，指示他負責的一些事務。主管向湯姆保證，如果她採取任何額外的干涉，並不是反映她對湯姆處理事情的方式有意見，而是為了協助拉吉，讓他覺得更容易適應團隊的工作風格。

從這個例子可以看出，該主管在湯姆和拉吉身上都花了心思，了解他們各自的處境（覺察），也促使他們覺察彼此的顧慮（吸取），然後巧妙協調一套程序，藉此幫助他們兩人在工作上的合作更順利（適應）。

當然，準備得再充分，效果也有極限，你不可能深入認識每個人，尤其是第一次共事的對象。我常告訴客戶，除了做功課之外，領導者應該要有耐心，要「用十眼傾聽」。「聽」這個中文字由三個部分組成：一隻耳朵、十顆眼睛、一個心。一個人想了解真相，就必須用耳朵、眼睛、心靈觀察，有時候沒說出口的意思比說出來的話更重要，有時沉默是金。

我希望分享自己身為高階主管教練曾碰到的幾次經驗，都是關於文化議題的處理，以及培養文化靈敏度的需求。

印度裔美國籍高階主管普拉波爾（Parabal）搭機前往中東，去某大銀行領導一支管理團隊。普拉波爾在阿曼的頭幾個星期很順利，他喜歡當地的文化，也喜歡熱情的同事。接著，他開始認真處理手邊的工作——全都是不能等的計畫。這讓普拉波爾很驚訝，他的銀行同事沒有美國或亞洲那種工作倫理，團隊成員不疾不徐的處理工作任務，交代給他們的專案計畫往往沒有完成。這些中東同事開玩笑說，他們信奉所謂的「ＩＢＭ原則」，也就是「老天保佑

（Inshallah）！」、「明天再說（Bukra）！」、「沒問題（Mafi mushkilla）！」

普拉波爾遵循ＡＡＡ模型，反省自己這個美國主管的文化價值（覺察），學習更多中東文化價值，也更了解他的同事（吸取）。然後他向銀行團隊介紹新的、具有生產力的工作習慣（適應）。普拉波爾說：「我把他們和其他全球團隊的成員兩兩分組，讓他們體驗高效能團隊的合作方式，以及確實完成專案計畫。訓練過程中最受成員歡迎的部分？就是搭飛機去美國、印度、新加坡向全球團隊學習。」結果他的團隊績效比以往改善很多。

現在我們在情境中再添一個變數：在不同文化環境下工作，同時要應付千禧世代——這挑戰可真艱鉅！

面對千禧世代，你得這樣給面子

對外國管理者來說，中國千禧世代是特別的管理挑戰。過去五十年來，中國經歷劇烈無比的經濟與文化變遷，而改變最大的價值觀存在於年長世代和年輕世代之間。中國千禧世代的年紀介於十八歲到三十五歲之間，人數大約有三億八千五百萬，占總人口的二八%。到二〇二五年時，中國的勞動人口中，將有七五%是千禧世代。

我輔導過、密切合作過的中國管理者與員工橫跨多個世代。在扮演教練的角色時，我注意到中國這個年輕世代，與他們的長輩有幾項截然不同的特質。和比較年長、居住在鄉下的中國人相比，年紀較輕的都會區中國人更容易受到全球趨勢的影響，更傾向個人主義、直接且開放。他們有創業精神，相當依賴手機，十分嫻熟科技。另外，他們大多數是家裡唯一的孩子。

如果你是和跨世代的中國「知識工作者」共事的外國管理者，要如何贏得對方的尊重？他們對管理者有何期望？以下的祕訣可以幫助外國管理者弭平與中國千禧世代勞工之間的世代差異（和國際差異）：

- **表露關懷與人情味**。在中國，好的領導者往往被員工視為大家長，他們一方面建立主管的權威，一方面對員工展現個人的關懷，而且維持這兩者的平衡。舉例來說，管理者表現關心員工眷屬的近況，能證明你是個面面俱到的領導者，擁有這個關係導向的社會所需要的高效率管理特質。

- **了解你的業務**。中國員工期望管理者擁有強大的技術知識和商業敏銳度，多半期待主管給他們明確的指示。你應該經常與員工分享營運方向、遠見、策略等方面的資訊。

- **徵詢意見**。雖然中國員工冀望管理者「掌握情況」，可是如果主管在做決策之前，請他們貢獻點子和意見，員工也會很感激。中國員工尊敬願意花時間傾聽他們心聲、認真考慮他們建議的管理者。儘管如此，在徵詢意見之後，領導者必須清楚向員工溝通他的決定與計畫。年輕的中國員工想要貢獻意見，可是最終仍仰賴上級提供指引和拍板定案。

- **了解「面子」**。在商場和社會中，「面子」觀念扮演吃重的角色。面子集尊嚴、地位、威望、尊敬、榮譽等概念於一身。若要為中國員工「保全面子」，絕對不要在團體面前批評他們的想法，也不要將他們置於可能難堪的場合。為了「做面子」給員工和建立關係，管理者要展現適當的尊重，並且真心真意的感謝員工的貢獻。

中國人給別人的刻板印象是害羞、自貶、謙虛，確實有些道理。中國人獲得稱讚時，通常會先推辭，說一些「您過獎了」或「和您不能比」之類的話。可是這些都是表面的客套話，其實受到稱讚的人內心可能很有同感，為此沾沾自喜。

• **展現成熟度**。太多話可能被視為不成熟或無知的象徵，花時間傾聽、認識你的員工，避免流露強勢、負面的情緒，例如憤怒或攻擊性。中國人尊敬那些在公開場合能控制自己情緒的人，管理者應該以身作則，希望員工表現什麼樣的專業行為，管理者就應該具體示範。

• **表現對員工發展的興趣**。和員工談談他們在公司和職涯的未來。花時間輔導他們的工作表現，提供積極、有建設性的回饋，幫助他們進步。人才市場競爭相當激烈，中國員工會感激主管有興趣了解他們的專業和職涯發展。外國主管必須花時間認識手下的千禧世代員工，了解激勵他們的因素、敬重對方、認真對待他們的意見，並建立信任。

如果你全都能做到，不只能保全面子，還會獲得員工的尊敬與忠誠度。

從姿勢、表情，嗅出對方心理

日本文化表達「不」有很多種方式，而且全都不帶「不」字。在國際領域經商，需要了解世界各地的溝通風格大不相同。溝通的時候不只需要理解言外之意，還必須根據每種文化風格調整。對於表達「不」這個意思，沒有比美國和日本文化差異更大的了。

我的客戶安德魯（Andrew）最近就有過親身體驗。安德魯是一家全球製藥公司的行銷經理，他和日本、美國的同事都有密切合作。最近我輔導安德魯時，他說自己覺得挫折、難過，然後跟我說這個故事，以解釋箇中原因。

安德魯曾問他團隊裡的日本成員賢治，對於他剛剛完成的提案，賢治認為日本同事會不會接受？賢治回答：「恐怕有困難。」

安德魯認為賢治的回答意謂提案有挑戰——這點他已經預料到了。安德魯以為賢治的意思是他們必須再努力一點，於是他和美國同事依照建議，針對這項提案又多思考了好幾個星期。最後，安德魯才知道賢治從頭到尾都不認為他的提案有機會通過。安德魯說：「為什麼他不一開始就老實說『我覺得沒希望』？我們根本就在浪費時間。」

究竟是怎麼回事？賢治故意騙安德魯嗎？還是安德魯誤會賢治的意思？答案是這兩個文化說「不」的方式有很微妙的差異。

美國人往往會避免說「不」，因為相信說這話會傷別人的感情。然而他們終究也相信，不把真相說出來，反而會對當事人造成更大的傷害，所以直接了當說「不」才是最好的選擇。

日本文化很不一樣，他們避免直接說「不」。我的好友羅蘭是日本專家，她寫過一本書解釋日本人很不願說「不」的現象，書名叫做《日本商事：交戰規則》（*Japanese Business: Rules of Engagement*）。

羅蘭說日本社會關係緊密，社會和諧永遠排第一優先，而「不」聽起來像在拒絕另一個人，會損害到和諧。你來我往的對峙被視為粗鄙，和每個人維持良好關係至為重要。

類似的心態在其他亞洲文化也很普遍，譬如中國和菲律賓都是。這些文化的人不會直接說「不」，而是用模稜兩可的說詞表達反對，例如「並非不可能」意思是「我寧願不要」；「讓我想想看」可能表示「答案是否定的」。這種不肯明說的態度不僅在說「不」上，有的人可能會說：「你有打算過來這一區嗎？」其實真正的意思是「你能不能來我辦公室一趟？」

表達同意的方式也不一樣。你可能會聽到對方說：「我懂你的意思。」、「我還在聽。」、「下一步是什麼？」他的意思就是「我完全贊成。」關鍵是若要與亞洲文化的人進行有效溝通，就必須傾聽對方的「言外之意」。

日本有一句經典諺語：「聞一知十。」說的人每表達一個重點，就期待聽的人明白至少九種其他的含意。既然對話中最重要的部分往往不會明講，找出說者所暗示的意思，就變成聽者的責任。

在亞洲做生意時，利用你的內建「天線」，設法和他人保持相同波長，辨認、偵查他們沒有說出口的思想與意向，是很重要的任務。你必須能詮釋對方微妙的姿勢和臉部表情。

在日本，很少有什麼是不經意發生的，所以你應該穩住，仔細傾聽、觀察，拜託你信任的同事指點你可能錯失的事物。如果你夠有耐心、夠謙虛，就會開始看出線索，然後就能「聞一知十」。

跨文化工作當然很有挑戰性，特別是亞洲文化特別重視保全面子的觀念。不過援用ＡＡＡ模型和動用十眼傾聽，全球領導者能安然度過棘手的處境，激發多元團隊真正的力量。

第 9 章

從面子延伸出來的多重意義

這是個令人振奮的時代，許多女性成為企業執行長、國家總理、全球組織領導人——例如擔任國際貨幣基金（IMF）總裁長達八年之久的拉加德（Christine Lagarde），現在正領導歐洲中央銀行（ECB）——這是歷史的新頁，女性綻放耀眼的光芒，擔當各種重要性和影響力十足的職位。

當然還有諸多需要改進的空間，譬如婦女平均薪資依然只達男性的七八%；世界經濟依然由男性主宰，社會上持續有性騷擾和恐嚇的事件曝光。

儘管這些挑戰從未停歇，不可否認婦女在許多領域大有斬獲，她們晉身領導人，突破所謂的玻璃天花板。可是在稱頌女性經商成就傲人之餘，如果不花點時間檢討職場中女性角色的改變，以及面子如何在這種環境下發揮獨特的作用，那就是我的疏忽了。

十五年前我接下輔導索洛萌的任務。她從史丹佛大學和麻省理工學院畢業，現在是安捷倫科技公司的技術長，堪稱科技界目前層級最高的女性高階主管。索洛萌在企業階梯上逐步爬升，擔任安捷倫公司研發實驗室主任時吃了很多苦頭，也投入大量時間。某天公司有個副總裁職位出缺，索洛萌趁機一搏，儘管競爭激烈，最終她打敗好幾位（男性）角逐者和研發主管，得到這個重要的職位。

索洛萌贏得這份工作後，當務之急是什麼？她需要和好幾位一起角逐過該職位的男同事建立良好的工作關係，雖然公司裡和她地位相當的許多領導者，都會在人事上棄舊用新，晉用自己挑選的班底，但是索洛萌不同，她珍惜安捷倫現有研發團隊的經驗與知識，希望把成員留下來一起打拚。

我曾在一家很夯的餐廳和索洛萌碰面吃午飯。我們一邊享用魷魚排一邊上課，我教她如何與男同事建立較緊密的連結，以及如何在這段過渡期放低姿態開口向他們求助。索洛萌一一會見每個男性主管，傾聽他們關心的事，她告訴對方，她很尊重他們的知識與經驗，很高興與他們共事。所有會面結束後，索洛萌好奇有多少人會留下來與她並肩合作，協助她發展新的團隊。結果令她喜出望外，研發部門每一位主管都對她表示支持，而且都續留公司。

索洛萌對同事展現出她是個真誠且能溝通的領導者。我輔導她一年半，觀察到她與同事變成一個有向心力、績效很高的團隊。索洛萌沒有和她的同事保持距離，而是做面子給他們。本來可能問題重重的過渡期，轉變成平順、成功的交接。在此同時，索洛萌是職業婦女，家裡還有兩個青春期子女！

我們以為的性別歧視，幕後黑手是「面子」

想想看這個例子裡潛在的問題——索洛萌在一個男人主宰的行業裡工作，她在一場升遷中打敗好幾個角逐同一職位的男同事，現在她新官上任，必須和他們一起工作。這些男同事對於她的領導會是什麼反應？她的性別可能會製造任何衝突嗎？

索洛萌的方式是秉持謙虛和真誠的敬意對待她的團隊，並做好準備，讓團隊得以發揮強大的效能。雖然管理好幾個同為競爭對手的男同事確實有些彆扭，不過索洛萌為他們保住面子，這是發展堅強團隊的完美方法。

我們再來看另一個例子，它說明類似情境有多麼容易反覆發生。

這個例子牽涉到一位美國女科學家和四位中國男工程師，跨文化工作的複雜性更甚平常。

這支團隊的領導人是年紀三十出頭的女科學家丹妮卡（Danika），她擁有好幾個高等學歷，在一家公司擔任專案領導人已經八年了。從每一方面來說，丹妮卡都是個友善、表達能力強的人，她有自信，也很聰明。由於外表看起來年輕、精力充沛，有時她會給人小女生或女性化的印象。丹妮卡在公司的表現一直很優秀，八年內就升遷三次。

她有四個共事的同仁是公司在上海設計部門的中國男工程師，年紀都是三、四十歲，他們已經共事多年，連下班以後都會聚會。

丹妮卡被公司指派擔任小組的專案領導人，麾下成員包括那四個在上海工作的中國工程師，團隊任務是針對公司的一項重要產品提出設計對策。丹妮卡以前見過這些中國同事，不過彼此互動只流於表面，她不清楚他們各自負責什麼任務。丹妮卡在小組工作進行中經常與客戶會面，但四個工程師從未接觸過這位客戶。

另外有一位資深工程師曾擔任丹妮卡的職場導師，他目前也和四名工程師在同一個地點上班。

丹妮卡的第一個動作是召開全員會議，大家都去上海面對面開會。她設定的議程包含小組的整體目標，除了建議達到特定的里程碑，也載明團隊應該達成的特定完工期限。丹妮卡的中國同事回以微笑，拿紙筆記下來，當場提出的問題非常少。

第一次會議開完之後，過了幾個星期，丹妮卡召集小組開虛擬會議，討論大家的進度。遺憾的是，她和團隊的進度似乎沒同步，有些目標沒完成，另一些活動雖然已在進行，但是程度達不到丹妮卡原先的計畫。

他們檢討已經完成的工作和沒有如預定計畫完成的工作後，丹妮卡安排下一次視訊會議的時程，打算討論為何雙方無法一致。丹妮卡鼓勵同事提出他們的想法，她好言相勸許久，最後其中一位工程師張偉（音譯）開口了。

張偉很客氣的說：「謝謝妳和我們一起開會。我們很期待與妳共事，可是我們不懂妳在進行這項計畫時所採取的方法。妳的方法可能很好，但是我們從來沒那樣做過。」

這時丹妮卡開始分享她做事的方法，說她過去用這種方法很成功，顧客一再表示感謝她的努力。那四位工程師也分享他們自己的方法，過去一樣很成功。他們有禮貌的表示，還是按照以往的程序和慣例最好。張偉說：「丹妮卡，如果妳想用妳的方法，沒關係。我們可以用我們的辦法，妳用妳的，我們以平行方式分頭行事，看看誰的辦法比較管用。」

丹妮卡聽完中國工程師的想法，心裡想著息事寧人，她覺得自己的辦法應該比較理想，可是為了促成大家合作共事，彼此應該嘗試包容對方，盡力找到共同的目標才對。中國小組點點頭，他們沒說什麼，不過看起來是同意了。最後，丹妮卡覺得只要對方完成工作，他們用什麼方法都不打緊。

又過了幾個星期，丹妮卡注意到自己沒參與到兩個關鍵議題的討論，也沒有受邀參加最近的團隊會議。她主動報告自己的進度，可是對方卻避而不談他們的進度。

丹妮卡要求中國小組提進度報告時，張偉和他的同事回覆：「我們還在做，還沒弄好。」她又請對方提供意見，讓她這個專案領導人知道該怎麼進一步支援他們。他們這樣回答：「謝謝妳的關心，丹妮卡。妳人真貼心。」

丹妮卡越來越憂心、沮喪，於是又要求召開另一場團隊會議。不料，中國小組的四個成員都等到最後一刻才回覆，表示臨時有事無法參加。

三個半月後，丹妮卡雖然繼續帶領這項專案計畫，甚至又開口要求兩次，但是仍然拿不到任何進度報告。她主動提議和他們一起工作，並負責協調會議，沒想到對方不理不睬。雙方之間自始至終沒有任何正面衝突或意見不合，丹妮卡被拒於門外。

又過了一個月，丹妮卡的主管給她意見，說她需要改善溝通技巧，也需要接受新的想法：假如她不了解某件事物，就需要開口請求澄清。

接著主管對她說，她將被調離那個團隊。

如果丹妮卡一開始採取別的做法，能讓團隊合作步上正軌嗎？那會是什麼做法？當她查覺到事情進行得並不順利之後，本來可以做些什麼來撥亂反正？她有必要妥協嗎？還是沒有必要？有保全面子的需求嗎？如果有，要保誰的面子？關於這件事，營建模型可以提供你什麼建議？

索洛萌的挑戰確實有對策——而且不只一種對策。上面的這個情境，問題也不只一個，所幸解決對策也不只一個。

在情勢尚未變到後來的地步之前，丹妮卡本來應該做什麼？

打從一開始，丹妮卡就應該多問一些問題，比較深入了解專案的整個格局。她可以主動用更詳細的方式描述她的方法，提供自己客戶回應其方法的歷史數據，以及他們喜歡這種方法的什麼部分。然後丹妮卡應該和張偉、其他同事協調合作，以決定一種統一的方式，而不是雙頭馬車分頭進行的方式。

丹妮卡也不該對於事情的進展做任何假設，她大可理解同事客客氣氣、不願意提出反對意見，是為了怕她丟面子，但是實際上工程師也沒有聽信丹妮卡的說詞、沒認同採用她的方法最好。丹妮卡應該保證雙方了解彼此使用的方法，確認雙方各自要做什麼、要怎麼做。一旦整個團隊達成結論，他們可以一起去找上級，告知他們的計畫。如此一來，每個人都曉得沒有猶疑的空間，因為這項計畫已經獲得大家同意。

從人際觀點來說，丹妮卡去上海和工程師會面時，本來可以邀請他們共進晚餐，花多一點時間從事社交活動，藉此熟悉他們的個人狀況。與他們互動時，丹妮卡可以減少要求對方的指示，而多問一些問題，傾聽對方的顧慮和想法。這類行為能展現尊重（給面子），有助於建立信任與關係。

丹妮卡也應該對工程師們的非語文肢體語言更敏感一點，尤其是他們沉默不語或支吾其詞的時候。不要假設沉默代表同意，假如某人說：「我會試試看。」多半代表他感到遲疑。

丹妮卡可以找一些方法和團隊建立關係，定期和團隊談談。譬如主動提供一些關於客戶的小祕訣，甚至介紹客戶給他們。工程師比較熟悉客戶之後，會更了解他們需要達成什麼目標。

一旦採用大家都同意的方式開始進行專案計畫，團隊需要定期開會，好讓雙方掌握彼此進度，並溝通現況。丹妮卡需要留意工程師如何看待她——在技術專業知識和領導力這兩方面，她都需要建立可信度。

假如丹妮卡察覺對方有任何懈怠，就需要去找那位了解當地文化的在職導師，協助弭平落差。溝通不良和獨自假設會傷害計畫，雖然張偉和同事都覺得丹妮卡是故意蔑視他們，其實她只是不理解他們真正的意思。丹妮卡需要弄清楚對方的立場，她大可要求曾當過她在職導師的另一位中國工程師出面，幫忙調解她與工程小組之間的嫌隙。

這個例子裡的許多衝突與誤解之所以發生，是因為雙方都退到他們感到自在的領域，同時根據自己的經驗和偏好做假設。

當初丹妮卡若是多努力一些，去了解張偉與其他同仁的動機，用更積極主動的方式與他們互動，情況會好很多。

你可能注意到了，這些故事並沒有摻入明顯的性別偏見，事實上，說到保全面子或捍衛面子，這些故事大可出現在本書的任何一章。

儘管如此，有一點也要考慮：撇開明目張膽的性別歧視個案不談，一般來說性別偏見要隱晦得多。

以這些例子來說，捍衛面子和保留面子是女性領導者主動應付潛在問題的方式，並不需要考慮這麼做會產生什麼潛在的影響力。

下面是一位女性高階主管的故事，她成功化解一次差點讓人下不了臺的表達文化。

從面子延伸出的多重意義

亞洲文化的人相信一旦丟面子，就很難把面子找回來。可是一個人必須先丟失對自我能力（或是驕傲、自我）的認知，之後才有可能丟面子。

我這個人並不相信驕傲（尤其是自我）是負面的意涵。事實上，我認為自我信念是一個人面對挑戰、完成重要任務時不可或缺的部分。假如你自己都不相信能完成任務，那麼接下這個任務又有什麼益處？只有在虛幻的驕傲或膨脹的自我妨礙任務的完成，這時候它們才是負面的。

面子觀念比純粹的驕傲或自我具有更深的意涵。有些人覺得別人的行動會損害他們感知自我完整性與能力，這種觀點也和面子概念牽扯在一起。與多元背景的人共事時，面子的價值占據無比重要的地位。

我的客戶兼好友瑪愷主要在美國工作，她是高階主管，幾年前在南韓一家大公司擔任資深領導。下面是她的故事，詮釋如何保住面子。

公司總部每年舉辦一次關於倫理與價值的年度訓練，大家都對這件事很認真。我的主管從總部傳給我一份簡報檔案，告訴我：「你的任務是把這個轉化成訓練計畫，給所有的美國員工使用。」

我看完檔案的全部頁面，裡面包含一種領導模式。今年的領導模式是告訴大家：「我們需要領導者溝通（Communicate），需要他們組織（Organize）部屬、激勵（Motivate）部屬、授權（Empower）給部屬。」取這四個英文字的第一個字母，組成了COME模式。

這是在開玩笑吧？我怎麼能對著所有美國主管，告訴他們：「我們需要所有領導者『一起來』建立更堅實的文化。」、「讓我們每天工作都『來一下』。」（譯按：英文字come一般解釋為「來」，發音恰與cum（精液）相同，亦作高潮）我心想他們一定在瞎搞。我才不要教我們的領導者怎樣「來一下」！然而韓國總部裡沒有一個人了解這個雙關語。

經過細思，我決定把這個模式改名叫「E-COM」模式（譯按：意為電子商務），我在美國分公司建議使用新改的名字，結果大家（捧腹大笑之後）都贊成了。

接下來那個星期，我對一群韓國主管做簡報，剛好全都是男性。我告訴他們，我們決定把領導模式改名為「E-COM」，沒想到他們說：「不行，我們不能改，這是總部的決定，我們必須完全遵照指示。你們為什麼想改名字？COME模式有什麼不對嗎？」

我感到很尷尬，沒辦法在眾人面前說出口來。我說：「呃，come這個字在英文還有其他意思。在小組裡討論這個太不禮貌了。」所以我在紙上寫下：「come這個字的另一個意思是『性高潮』。」我把紙遞給他們，然後轉身離開會議室。

我站在會議室外面，聽見裡面討論得很熱烈，然後有個人跑出來對我說：「好吧，我們在美國就教這個E-COM模式吧。」

我在與韓國人共事的經驗中學到，絕對不要令韓國男人尷尬。把那個字的意思寫在紙上，讓我們全部的人都保住面子。

另外，我也需要管理性別敏感的問題，身為女性主管，我幸運逃過一劫，不必向他們解釋一個帶有性意涵的單字。

來自女性的專屬課題

今日女性正逢巨變的時代，在全球各地的董事會、辦公室裡，女性正逐步掌握真正的權力與潛力。身為領導教練，我與全世界成千上萬個女性領導人合作過，也得到她們的啟發。儘管這些女性從事的行業五花八門，但她們有很多共通的習慣、行為、觀點、態度，這些正是她們成就的由來。

二〇一八年，知名節目主持人歐普拉（Oprah Winfrey）在金球獎頒獎典禮上致詞時，指出這個世代的女性是「新黎明」。為了指引妳安然度過這個新黎明，我想提供兩句獻給女性領導者的忠告，它們來自我職涯中認識與共事的兩位了不起的女性。

職場上有些女性怯於引人注意，她們畫地自限，等待別人邀請她們超越派任的角色，允許她們揚名立萬。

身為女性領導者，我們必須學習如何舉手表達、提高自己的能見度，不要坐等別人挑中妳、邀請妳，或是允許妳參與。妳要告訴別人，妳想要參與其中，想要分享妳的成就，甚至分享妳的夢想和目標。

我認識一些相當了不起的女性，其中之一是美國女童軍（Girl Scouts of the USA）組織的前執行長賀賽蘋（Frances Hesselbein）。年齡已逾一百歲的她，依然不停演講、寫作，目前還擔任賀賽蘋領導力協會（Frances Hesselbein Leadership Institute）的總裁兼執行長。我認識賀賽蘋是三十年前的事，提到她精彩過人的職涯，我問她一開始是否曾擬定計畫。她回答：「沒有。我沒有職涯規畫，但是無論何時，只要有一扇門打開，有新機會出現，我就會勇往直前。我總是好好研究，然後放手一搏，穿過那扇門。」

唯有別人知道妳期盼機會，唯有妳將自己的意向和目標公諸於世，那些機會才會出現。邁步向前，勇於發聲，機會自然會找上妳。然後妳就必須鼓起足夠的勇氣抓住機會。

有些女性的風格和羞怯恰好相反，她們的燈座開關要嘛全開、要嘛全關。你常聽到有人說：「我就是這個性格，你要就接受，不然就拉倒。」

身為領導者，你必須學習判讀溝通對象，要為聽眾量身打造訊息。如果特定聽眾認為你傲慢自大，他們就不會接受你發出的訊息。將你的態度和行為想像成燈座的亮度調節開關，可以根據不同聽眾調亮或調暗。在適合情境的範疇內保持彈性，學習如何調節你的亮度。

我剛認識賀賽蘋時，注意到她在答覆別人的評論或問題之前，總是會停頓兩秒鐘。我觀察她這種行為幾次之後，才明白她的用意：她用一些時間思考怎樣答覆，針對聽者調整訊息，也就是花一點時間調整她的亮度調節開關。

性別不平衡在世界各地的公司董事會都司空見慣，然而女性依然能掌握權威，且表現亮眼。

以下這幾個基本步驟，能幫助女性順利闖蕩現在的商業世界。

最近我受邀在女性總裁組織的年會上演講，這個組織的成員都是女性主管，任職於市值數百萬美金的私人公司，擔任總裁、執行長、執行董事等職務。大會開始之前，我請來賓提出她們希望我回答的問題，結果有好幾位提出類似的疑問：「在我工作的一些國家，當地極少由女性擔任董事會的高階主管。如果這些國家不樂見女性執行長或女性企業老闆出現，或是不尊重她們，那麼我在這些地方要怎麼做才能成功？」

令人遺憾的是，這是全世界的女性不斷遭遇的現實，她們相當勤奮、聰明、熟悉商務運作還不夠。所幸有一些步驟可以幫助女性感到自己獲得授權（empowered），幫助她們建立與維持可信度：

- **創造威嚴**。第一印象往往建立在外表上，悲哀的是，這一點對職場女性尤其真確。基於這個原因，我建議女性塑造中性的外表，不要因為外表奪去旁人應有的注意，而損及她們的權威。身上盡量少戴裝飾品、衣著不要太暴露，專業的著裝規範是讓對方「聽我說」而不是「看著我」的外表。同理，強勢的肢體「威儀」給人的感覺是你掌握一切。首先，練習筆直站立，雙腳稍微打開，挺胸，肩膀後傾，下巴抬高。接著身體動一動，然後再來一遍。這個理想的姿態是比較輕鬆、自然的「威嚴」，流露信心和自在感。

• **了解與運用階級**。每種文化的人都意會得到傳遞階級意識的線索。善用這點可以得到男同事的幫忙，使他們在溝通時謹記妳的地位。要求他們在介紹妳的時候，一定要冠上妳正式的職銜，同時也要把這個職銜清楚的印在妳的名片上。

在階級文化中，如果有人提問，應該由最資深的人回答。事先和妳的同事講好，開會時要他們指名妳回答問題，如此可以持續鞏固妳權力在握的地位。

• **不要在無意間向性別刻板印象妥協**。我們知道有些性別刻板印象確實存在，其中又有一些司空見慣到大家幾乎都見怪不怪。然而這類行為可能傷害妳的權威最深，舉例來說，務必壓抑想替同事端咖啡的衝動，或是在午餐會議後隨手收拾碗盤的舉動。妳也許以為自己這樣做只不過是行事周到，可是對很多不同文化的人來說，這類行為表示：「我不是真的領導，我是助理。」

• **展現功業彪炳的風采**。當妳攀上領導層級，就表示自己事業有成，因此在人前也應該表現相應的姿態。妳擁有經驗豐富的優勢；妳回顧過去、展望未來；妳有自信，坦然展現本色，還有一肚子鮮活的例子和故事可以分享。妳講自己失敗的故事，並不引以為恥，反而是珍惜從中學到的教訓。運用這些特質，只會使妳的地位更加牢固。

美國和國際商業世界離性別完全平等仍然有很長一段距離，然而身為女性創業家或領導者，今日的妳已經擁有自我授權的工具，能鼓舞將來的世代。

營造內心安全感的五種方式

如果妳像我一樣，有時候大概會覺得自己像是離開水缸的魚。妳可能移民到另一個國家，可能換了一份工作，或是發現自己被迫離開心理舒適圈，進入新的（和彆扭的）疆域。我擔任高階主管教練，偏重跨文化管理和全球領導的範疇，我認為離開舒適圈反而對我的事業大有好處。新環境教妳如何適應，到頭來這又成為妳的競爭優勢。擁抱改變和不確定性的領導人學會：

- 聚焦在自己能掌控的東西，（而不是自己控制不了的東西）。
- 拓展自我，學習新的事物。
- 指派團隊延展性任務（stretch assignment）或具有挑戰性的任務。
- 發掘新的商機和創意對策。
- 接受失敗，只要不再犯相同的錯誤即可。

對世界上最成功的某些領導者而言，這些技巧發揮至關重要的效果。百事公司（PepsiCo）第一位女執行長盧英德（Indra Nooyi）生於印度，後來移民美國，在異國文化下逐步攀爬企業階梯。她在領導百事公司的期間，營業額增加八〇％。

穆拉利離開波音飛機公司之後，成為福特汽車公司執行長。他一頭栽進新產業，面對當時已經處於崩潰狀態的汽車業，穆拉利迅速調整，完成歷史性的振衰起敝的大任，相對於其他汽車業者接受政府紓困而獲救，福特汽車靠自立自強挽回頹勢。

馬斯克（Elon Musk）選在矽谷而不是底特律市（Detroit，譯按：傳統汽車工業重鎮）創辦特斯拉公司（Tesla），改變汽車公司的典範。

我在二十二歲那年從臺灣來到美國，在賓夕法尼亞大學（University of Pennsylvania）讀研究所，然後成為管理諮商顧問。我熱愛那份工作，可是環顧這個領域的其他人，全都是四十歲到六十歲的白人男性，我不懂為什麼沒有其他人像我一樣，所以開始覺得這份工作也許不是我的天職。

我向在職導師提到這種不安的感覺，他就是知名的高階主管教練葛史密斯。他想了一會兒，然後說：「你也許會認為在這個領域裡，身兼年輕、亞裔、女性這三項特質是劣勢，可是在我看來，這些卻是優勢。」

他說，畢竟我可以說流利的英語和華語，擁有多元文化的背景，正是協助在全球環境中工作的領導者最理想的條件。我開始理解，與眾不同或許是件好事。何必企圖效法中年白人男性的思考和行為方式？我應該做我自己才對。結果經由這份熱愛的職業，我擁有美妙的旅程，雖然偶爾還是會覺得和周遭格格不入，但現在我曉得那是好事。

事實上，所有人都時常會有沒自信的時候。對女性來說，當自己的職業階梯看起來比別人的陡峭時，自信心會覺得受到打擊。在現今的職場，女性已經面對夠多的挑戰，最不需要的就是扯自己後腿的負面想法。有時女性會覺得像是離開水缸的魚，我感同身受。知道這份職業是自己的歸屬、前途十分光明，會讓你感到安心。

我與客戶合作，幫助他們成為心目中的領導者。在這個過程中，我經常發現只有一個理由令他們裹足不前（或鞭策他們前進），那就是他們對自己說的話。人們會實踐自己告訴自己的事情，所以在此我要談談如何讓內在對話幫你一把。

舉例來說，我的客戶柯瑞莎（Carissa）是高科技的專業人士，擁有哈佛大學企管碩士學位，她正在朝領導職位邁進，前途相當看好。柯瑞莎的公司認定她很有潛力成為領導者，替她報名參加一項很扎實的領導力訓練計畫。

我第一次輔導柯瑞莎時，問她想要針對哪個項目努力。她回答說：「我一直有貶低自己的毛病，這個問題長期存在。我看不到自己的價值。」

這種內在對話影響她在工作上呈現的自我，柯瑞莎引導開會時，會使用自貶的字眼，像是「我不是專家」、「我也不確定這樣對不對」、「我可能說錯了」。這種語言立刻告訴她的聽眾：「我不相信自己，你們也不該相信我。」

柯瑞莎的內在對話也影響她的非語文溝通。會議進行時，如果她不擔任引導的職務，就喜歡坐在會議室後面，待在誰都看不見她的地方，這樣散發的訊息是「她不屬於這個地方」——儘管柯瑞莎接受的教育、擁有的經驗、表現的績效都證明她的確屬於這裡。

在我們對自己所說的話背後，有很多不同的文化、社會、個人的理由，然而也有一個共通點：內在對話可能會強大到嚴重影響我們過日子的方式。你告訴自己的故事可能阻礙你畏縮不前，也可能驅策你勇往直前。以下這些策略能幫助改變你對自己說的故事：

- **弄清楚你的故事**。我們很多人都不曉得自己的內在會對話，所以第一步就是要弄清楚我們究竟對自己說些什麼，同時要確定這些是有幫助而不是有害的話。成功之後，你會對自己說什麼？失敗之後呢？你怎樣應付壓力沉重的情境？是積極壯大自己？還是貶低和批評自己？

- **發展成長心態**。根據研究學者德威克（Carol Dweck）的說法，心態可分成兩類：固定心態和成長心態。秉持固定心態的人相信，自己的才華和能力恆久存在，沒有改變的彈性。反之，擁有成長心態的人會把焦點放在未來，相信自己的才華和能力可以持續成長與發展。內在對話能反映固定心態（像是「公開演講我不在行」），也可以反映成長心態（像是「好好練習之後，我一定能成為很棒的演講者」）。
- **多思考「當下」**。人們經常對快樂或成功設下條件：「等我換工作就會快樂。」、「等有了足夠的經驗，我就會對工作充滿信心。」這種思考型態雖然著重未來，卻會自我限制，使我們無法活在當下，無法將現有的經驗、知識和信心當作成長的燃料。
- **尊重你自己**。當你發現自己開始進行內在對話時，不妨問問自己：我會對朋友說這種話嗎？同事呢？家人呢？如果你不會對自己尊重的人說這些話，就不要對你自己說這些話。耐吉（Nike）公司的前全球籃球運動營銷總監拉費林（George Raveling）擅長鼓舞人心，他說過：「多數關係都有保鮮期，而你這一輩子最重要的關係，就是你和自己的關係。」

• **要懷抱意向**。高階主管教練兼作家葛史密斯在著作《練習改變》中描述，每日即將結束之時他會問自己一組問題，包括健康、關係與職業各方面，問題都是這麼開頭：「我有沒有盡力……」，例如：「我今天有沒有盡力建立正面關係？」你的生活當中，有沒有哪方面可以從具體、懷抱意向的自我訊息獲益？將那些負面的、自我破壞的內在對話改成這類問題，能引導你走上更具生產力、更積極的道路。

• **以勵志的話自我省思**。葛史密斯的問題帶有意向，還有另一種融合日常意向的方法是透過自我省思，特別是利用讓我們正向聚焦的勵志佳言（mantras）。美國身心靈大師喬布拉（Deepak Chopra）寫過許多我很喜歡的勵志佳句，包括「我渴望的一切都在我心深處」、「每天我心情輕鬆、無憂無慮的過日子，明白萬事皆安」我在思考時，會利用這些話提醒自己的意向，提醒我改變內在對話（自己的故事），就是改變自己的生活。

對抗工作上的隱性不平等

相信自己、不畏首畏尾——這些努力只和你有關係，然而有些時候，與你共事的人可能有意或無意間做出一些事，妨礙你發揮潛力。「隱性不平等」這個詞是麻省理工學院教授蘿怡（Mary Rowe）於一九七三年發明的，她指的像是當事人基於無意識的偏見（通常針對種族、性別等特質），而做出輕忽、挑釁、藐視別人的舉動。以下除了提供例子，也教你該怎麼做，才能讓別人聽見自己的聲音。

我有一位客戶碰到職業障礙，令人遺憾的是這實在太尋常。蘇珊（Susan）在科技公司上班，她的衝勁十足，是績效優良的領導者。雖然蘇珊常和公司的其他領導者平起平坐，可是她發現自己在那種場合下通常都不會出聲，當她想表達意見時，經常會被打斷。

蘇珊提出的建議不但遭到漠視，有時候更糟糕，她先提出來的點子被眾人忽視，可是第二天甚至才過十五分鐘之後，卻有另一個同事把同樣的點子重新提出來，然後大家全都津津樂道予以採納。

類似這樣的行為可以稱為隱性不平等，蘇珊一個人改變不了同事的無意識偏見，這需要公司每個人努力，創造更包容的環境。話又說回來，蘇珊可以盡一些努力，碰到這種情境時，搶回她應有的權力。讀者如果發現自己和蘇珊的處境類似，不妨採取相同的措施。

蘇珊和她的團隊成就斐然，所以她理所當然和公司領導平起平坐。然而這不代表其他領導者都了解她的成就，如果沒有建立可信度，蘇珊的同事很可能不會對她的點子感興趣。我問蘇珊為什麼不和公司的其他領導者分享自己的功績。她說：「我是英國人，本性就不願意自誇自擂。」

對於「自誇」（或自我推銷）感到彆扭，有些是基於文化因素，也有些是基於性別因素。研究發現，女性比男性更常覺得難以推銷自己的成就，即便晉升到高階主管也一樣。

如果自我推銷令你感覺不自在，你需要改變這種成見，因為你不只是在推銷自己，也是在推銷自己的團隊。不要把這件事想成是在「吹牛」，而應該這麼想：「我是在分享團隊的成就，如此我們就能以此動能為基礎繼續進步，所以這對全公司都有好處。」如果你把自己從焦點移開，改以組織為焦點，就會比較有信心推銷自己的成績。現在你來說說看，你與團隊如何幫助顧客、提高市場占有率、為組織整體帶來利益？

蘇珊時常覺得自己是董事會裡的孤狼，她為公司帶來多少價值，只有她一個人知道。我建議蘇珊嘗試與同事結盟，這樣一來，當她站出來發聲時，這些同事就能支持她，以同儕的身分為蘇珊的價值做擔保。

我們可以參考在歐巴馬總統任內，發生在白宮裡一則關於女性的軼事，來了解這種藉結盟爭取支持的威力。歐巴馬總統上任時，高層助理中有三分之二是男性，他的女性助理抱怨在會議中遭到忽視，所以全體女性採用一項策略：每次有女性提出點子或見解時，其他女性會重複她說的話，同時也會指出這位女性的名字，表示她才是點子的創始人。她們稱這項策略為「擴大效應」，逼迫會議室裡的男性認可女同事的貢獻。假如蘇珊也在公司裡爭取到重要關係人的支持，就能擁有自己的「擴大效應」系統。

隱性不平等的行為是潛意識層次的作為和感知，蘇珊的潛意識訊息阻礙她全力發揮。

首先，我們分析她的說話模式。許多主管比較喜歡簡明扼要的溝通方式，而蘇珊的技術背景則培養出比較完整、周詳、冗長的溝通方式。我們針對這點，設法精簡她表達的訊息，以配合其他同儕的溝通方式，而對方也比較容易接收和欣賞蘇珊的訊息。

其次，我們考量她的非語文溝通。蘇珊是不是坐姿端正，以開放的肢體語言凸顯她的自在與信心？她坐的位置也傳達訊息：選擇坐在離會議桌較遠的外圈或角落，代表當事人覺得自己是局外人，而且很難看見或聽見會議的進行。我鼓勵蘇珊坐到中間，如此發出的潛意識訊息不只是她屬於這個團體，而且是她值得會議室裡所有人都注意她。

我們回到原點，對當事人來說，隱性不平等對他們會造成哪些影響？答案是無論有意或無意為之，隱性不平等都會讓人丟面子。想要保全面子，不僅需要知道怎麼做以避免別人丟面子，也要懂得採取行動，確保自己不會丟面子。

第 10 章

你可以給建議，但不能傷人自尊

現在該來找問題的癥結了。我們來問一個答案極為明顯的問題：「領導者要做什麼？」

讀者大概會想：「嘖，他們領導啊！不然怎麼叫他們領導者！」呃，我能說什麼呢？你們想的再正確不過了。

最棒的領導人因為自己的作為而成功時，心裡是什麼感覺？任何成功管理過一群人的領導者，無論對象只有一個小辦公室，或是《財富》雜誌全球五百大企業，他們都知道真正的領導者所做的，遠超過指示別人做事。如果讀者從頭開始閱讀本書至此，至少已經了解領導者的責任：不僅要關注公司的盈虧，還要照顧部屬最重視的東西——最好的領導者明白這兩者密不可分。

從哪方面來看，保全面子是領導者這個角色最直接的任務？答案是提供回饋。對部屬影響最大的領導者角色就是回饋，做得正確的話，能鼓舞部屬發揮最大的潛力，反之，若做得不恰當，情況很快就會急轉直下。

為別人提供回饋意見，正是我謀生的方式。我像教練一樣輔導全球五百大企業的高階主管，我們開始合作的首要工作之一，就是提供三百六十度回饋報告給這些主管，這是輔導過程的一部分。

簡單來說，三百六十度回饋報告涉及調查或訪談該領導者的主管、同儕和直屬下級，至於我身為教練的職責，是濃縮調查或訪談所得到的結果，這些資訊經過處理，無法追蹤任何一則訊息是否來自特定人士。接著，我會把結果拿給輔導對象，讓他們知道別人如何看待他們的表現。可想而知，當事人接到這樣的報告時，心裡會多麼忐忑、難熬，他們以脆弱的方式敞開自己，有時候反應會極為情緒化和尖銳。

不過好的領導者知道，無論是正面或負面的回饋，只要提供的方式正確，就能給對方面子，並鼓勵他們提升績效、刺激專業上的發展。現在我們來看看可以用哪些方法正向提供回饋：

- **沒有好好利用的回饋潛力**。你的回饋可以為團隊成員建立信心，也可能摧毀他們的信心。提供回饋是領導者的例行公事，但是不要讓回饋的本質愚弄你——給予回饋只要幾分鐘，產生的影響卻可能很巨大，萬一提供回饋的方式害別人丟面子，後果更嚴重。

看看我的客戶馬克（Mark）的例子。

馬克的直屬下級約瑟夫（Joseph）是他底下成績數一數二的業務員，約瑟夫來自菲律賓，而馬克是土生土長的美國人。

有一次約瑟夫在銷售產品時，企圖和某位潛在顧客敲定一大筆生意。約瑟夫在過於急切的心態下，對顧客承諾會提供額外服務，本來這種交易就不包括那項服務，而且約瑟夫也沒有在承諾之前，先徵詢服務部門的意見。

馬克知道此事之後，對約瑟夫說公司不準備、也不能提供他所承諾的額外服務。馬克說：「你之後在提供標準配備以外的東西之前，應該先問問服務部門。」約瑟夫聽到這項回饋意見，覺得自己的行動好像已經危及他在公司的前途，於是遞上辭呈。

馬克對約瑟夫的反應很訝異，於是立刻向約瑟夫讚美他在工作上傑出的表現。至於那項回饋意見的本意只是要糾正單純的錯誤，並不是攻擊約瑟夫的人格。馬克要約瑟夫放心，說自己很欣賞約瑟夫的工作，請他繼續留在公司，而約瑟夫也接受了。

很多人常把負面回饋個人化，以為對方是在攻擊他們的人格，把回饋看成是丟臉。雖然這種反應在亞洲文化特別明顯，但也算是人類的自然反應。

作家兼跨文化專家羅蘭即將出版第四本著作，內容是關於跨文化工作的能力。羅蘭指出，神經科學研究發現，當我們感到生理或情緒受威脅時，大腦會發出求救訊號，製造出戰或逃的衝動。這時候我們比較無法利用負責處理邏輯、同理心和節制社交行為的前額葉皮質，而會採用攻擊或防禦的方式反應。此外，我們也會製造負面記憶，遠比正面的記憶更強烈，維持得更久。

負面回饋可能製造這種反應，導致別人丟面子，而且往往不能挽回。你在給別人回饋意見時，可以依循下面幾項準則，避免害別人丟面子：

- **說話直來直往**。回饋意見時，確認你傳達的訊息精準、明確，而且要使用讓對方覺得尊重的方式溝通。選擇在私下、安全的環境進行回饋，務必確認你給的訊息是以事實為基礎，你提出的期望也必須很清楚。

創意領導中心開發一套有效的方法，稱為ＳＢＩＩ，也就是情境（Situation）行為（Behavior）影響（Impact）意圖（Intent）。首先描述情境，然後描述可以觀察到的行為，以及它對你的影響（包括思想和感覺），最後探詢行為背後的意圖。

舉例來說，「昨天的幹部會議上，當莎莉（Sally）詢問你的財務數據時，你兩次提高了音量，這使得我和團隊對於站出來說話感到很不自在。你那時心裡在想什麼？」

這種方式把焦點放在事實和行為上，將防禦性反應減到最低，引導出有建設性的對話和你所希望得到的結果，而且沒人會丟面子。

- **避免「遲鈍說詞」和「安全說詞」**。大部分的人在給回饋意見時，不是感覺遲鈍，就是專挑安全的說詞，但是這兩樣技巧都不管用。

給回饋的人說話時如果感覺遲鈍，就不會考慮回饋的時機和地點，也不重視內容清楚、準確與否。他們不會考慮接受回饋的人感覺如何——提供回饋的人純粹是有話直說，一吐為快。

說話時感覺遲鈍的影響，在於接受回饋的人感受不到尊重，可能覺得自己被責怪或嫌棄，因此在心裡豎起高牆，往往難以接受意見。接受者怨恨難消，根本就不會改變。

至於安全說詞雖然與感覺遲鈍的說詞相反，但是兩者的破壞力不相上下。使用安全說詞回饋意見，走的不是直來直往的路線，而是話中有話的暗示，訊息模稜兩可、似是而非，管理者覺得他已經給回饋，但接收者卻一頭霧水，不知道主管究竟是什麼意思，甚至以為自己完全沒問題。管理者的出發點也許是為了保全面子、維護和諧，但實際上卻製造混亂，結果和感覺遲鈍的說詞一樣——接受回饋者不動如山。

為了確保接收者聽懂並消化回饋意見，同時保護其尊嚴，管理者還是應該堅持說話直來直往的方式。

● **利用正面回饋「給面子」**。給面子和丟面子意義相反——你建立某人的信心，幫助對方成長，這可以透過給予正面回饋來達成。

作家巴金翰（Marcus Buckingham）和古德（Ashley Goodall）在文章〈回饋的謬誤〉（The Feedback Fallacy）中指出，管理者經常只在事情出錯之後才給回饋。他們的直覺是告訴對方他犯了錯、該怎麼矯正，這樣的補救措施限制對方學習，並不會導引出優異的表現。

在電腦運算程序中，如果有某件事需要電腦處理器立即注意，就會出現高優先等級中斷（high-priority interrupt），機器會暫停運作，將緊急問題升到等待處理的第一順位。

團隊領導者就像電腦處理器，手上有很多事需要他們注意、強迫他們採取行動，這些事有很多是問題。如果你看見有某件事情脫離正軌，譬如客服人員沒處理好顧客來電、會議沒開成、計畫搞砸，你的直覺必然是趕緊介入喊停，告訴負責的人他做錯什麼、需要怎麼做才能彌補錯誤。你不能說這種直覺是錯的，因為假如團隊成員搞砸了，你就得出面收拾。不過你要記住，這麼做只是補救，而那樣的補救不但限制學習，而且對表現沒有幫助。

同理，若是希望團隊成員表現優秀，管理者需要採用不同的方式。如果你看到某人做的事情真的很棒，請馬上叫住他、誇獎他，這不僅是高優先等級中斷，而且應該是你的最高優先等級中斷。巴金翰與古德鼓勵管理者在部屬表現良好時，當下就叫住他們，分析他們的行為或行動，這會讓他們進入所謂的「休息與消化」心理狀態，幫助他們了解優秀的表現是什麼樣子、感覺如何。長遠來說，這會建立部屬的信心，以及對他們主管的信任感。

- **焦點放在「前饋」而非「回饋」**。前饋（Feedforward）與回饋相反，回饋把焦點放在過去，而前饋的焦點是未來。我們無法改變過去，卻能創造未來。回饋可能瓦解動力、使人消極，而前饋則能賦予權力。給予回饋是必要的，卻不能止於回饋，想要推動員工邁向成功，你應該花時間輔導他們從回饋中學到教訓，然後訂定接下來的措施，探討未來的改進方式。

回饋是領導不可或缺的一部分，你應該用直來直往的說詞給予正面和負面回饋，納入前饋訊息，而且永遠都不要忘記替接受回饋者保留尊嚴和面子。如此一來，回饋就能成為你最有力的工具之一。

思考回饋時，我喜歡利用「意圖」與「影響」這兩個相對的概念。幾乎每一位管理者在處理事情的時候，出發點都是良善的，可是你的行動或訊息依然可能造成負面的影響。問題是，真正要緊的是影響，而不是意圖，以回饋這件事來說，你應該三思自己說的話會帶來什麼影響。

離職原因，通常是心委屈了

當然，因為找我幫忙的高階主管接受輔導的意願很高，所以我的立場從一開始就和一般主管不同。我大部分的客戶都把輔導視為優先要務，願意投入時間和精力發展自己的領導技巧，也會主動開口找高階主管教練幫忙，他們很想改變。

你身為團隊或組織的領導者，不見得總能曉得團隊對你這位主管的指導有何反應，也不可能總是知道他們對於你給的回饋感想如何。儘管如此，你身為領導者的責任，就是發展一支能發揮最高潛力的團隊。在領導者留住人才、凝聚團隊向心力的能力當中，又以保全面子的能力最優先。如果你手下最優秀的人感覺自己獲得支持與欣賞，就有很大的機率會留下。

許多研究的發現始終如一：員工離職的主因跟報酬、福利無關，甚至非關職涯成長機會，而是他們覺得自己沒有受到青睞。

當你誠心誠意做到保全面子，就能強化關係，將面子當作社交貨幣。不過，給面子也有助於創造尊重與欣賞的文化，這樣的文化能幫助你留住優秀的人才，而且收穫他們最出色的成果。

最近，我有兩個客戶的經驗正好說明在管理者努力表達欣賞、建立信任、設法留住最佳人才的時候，面子有多重要。

瑪莎（Martha）和貝絲（Beth）是同事，共同負責推動公司的一項專案，兩人的權責相當，可是瑪莎總是認為，貝絲沒有盡責把她那一部分的工作做好，她覺得貝絲只想搭便車。瑪莎說貝絲找別人開會，目的只是要建立人脈，使得會議都很難有實質的效果。總體來說，瑪莎懷疑貝絲根本不懂工作該怎麼做，只是不肯承認罷了。瑪莎說她在替貝絲保留面子，保護她的可信度。

但是從貝絲的觀點來看，瑪莎這個人性子很急、喜歡管東管西，對別人的福祉很不敏感。瑪莎在會議上提問時，語氣總是高高在上：「你優先要做的是什麼？你有哪些資源？你能搞定嗎？」貝絲覺得快滅頂了，可是瑪莎不幫忙、也不提供指引，她只是把貝絲的工作搶過去做。

如果想令貝絲感受到尊重，瑪莎需要改變觀點，明白採取協調合作的方式會產生更有生產力、正面的工作關係。瑪莎的目標不應該是贏，也不應該是爭「誰對誰錯」——她應該知道她與貝絲的工作最終目標是相同的。

我鼓勵瑪莎做貝絲的「思想」夥伴，把專案的成功定義為「她們」的成功。於是瑪莎改變溝通方式，她不再問：「妳什麼時候會把這個做好？」而是強調合作和雙贏：「第二季妳選擇哪三項優先要務，能為妳個人和團隊帶來豐碩的成果？」、「我能如何支援妳？」

我也鼓勵瑪莎在更人性的層次上交流，以顯現她對貝絲工作以外的生活感興趣。這種溝通風格的改變，使貝絲感覺比較安全，比較不像「沉在水下」，也覺得自己受到青睞。瑪莎透過這些方式，開始真正替貝絲保住面子。

下面的例子是一個丟面子的情境，最後導致公司痛失一位人才。

卡爾（Carl）是相當成功的領導顧問，幾年前他任職的顧問公司專門為私募股權業者服務。這家公司當時正在準備為客戶做組織稽核的回饋，內容包含評估高層團隊每個成員的效能。卡爾負責的是彙整各項成果的總體數據。

遺憾的是，卡爾將資料遞交給客戶時，提供的是電子表格，而不是PDF檔案——這使得高層團隊裡精通技術的成員，得以追蹤資料提供者的個資，害這些人身分曝光，違反當初的保密協定。

卡爾的錯誤危及整項計畫，也損害客戶本來對雙方夥伴關係的信任。卡爾回憶道：「當時我的感覺到現在還宛如昨日。記得那天回家時，我進到家門，對自己說：『我要被開除了，我要被開除了。』」

所幸卡爾公司的資訊團隊本事了得，在那些資料落入更多人手中之前，將已經送出的訊息收回，並銷毀裡面的數據。卡爾承擔全部責任，雖然公司執行長原諒他，但私募股權公司的生意夥伴卻不肯原諒，對方打電話給卡爾的主管，要求開除卡爾，主管卻仍挺身為卡爾說話。

卡爾繼續撐到專案結束，然而所有的事情都變了，後來在面對面開會時，私募股權夥伴根本不肯正眼看他。

不久之後，卡爾離開公司，他覺得這次經驗在自己身上留下陰影。他說：「我一直懷疑我們公司的董事遲早會趕我走，表面上他是保護我，可是也不再相信我是人才。」

事實上，卡爾真的是表現頂尖的人才，只不過是犯了一個錯罷了。人人都會犯錯，但是管理者對這些錯誤的反應方式，會影響員工日後的表現。卡爾的公司沒有幫助他，讓他感覺獲得公司的支持。公司無法幫他保住面子，所以也留不住他。當錯誤發生時，管理者或組織應付錯誤的方式可以強化關係，也能破壞關係。

如果我們想要留住人才，幫他們在工作上獲得最佳成果，就必須讓他們茁壯（利用高優先等級中斷之類的技巧），而不是貶低他們。當無可避免的錯誤發生時，我們必須幫員工保住面子，使他們記取教訓。想留住人才，光是提高薪酬還不夠，更重要的是尊重、支持，還有面子。

誠如前文所說的，領導者不可能總是知道在特定情境下的團隊會如何反應。文化靈敏度高的領導者有個好處，就是能迅速釐清當下的需求與顧慮。以下是幾個關於職場文化靈敏度的真實案例，其中有些是反面教材！

不久之前，我為某個德國客戶進行一項重要的全球領導計畫，我本身是多元文化教師團隊的一員，而團隊中的其他許多教師來自歐洲。團隊的全體成員第一次碰面是在德國的威斯巴登市（Wiesbaden），那天我們被迫工作到深夜，為接下來舉辦的活動做準備。

當天，我們一大清早就開始準備，到傍晚總算能歇一口氣，即便如此，在這頓遲來的午餐上，我們還是繼續工作，因為有很多發展工作急需完成。

那天，威斯巴登是讓人滿身大汗的大晴天，我一開始的直覺是在咖啡廳找個有冷氣的安靜角落，這樣大家都能舒服的工作和用餐。可是我坐下來吃午餐時，發現那些德國同事都站在通往陽臺的門邊，他們看見我們坐在有冷氣的室內，都一副垂頭喪氣的模樣。我問他們怎麼了，他們說本來希望我們都去室外吃商業午餐，畢竟外面是晴朗的好天氣。

我住在美國南加州，平均一年只下三十八天的雨，另外兩百六十六天都是豔陽高照，所以我最不想做的事，就是穿著正式的套裝，坐在室外忍受酷熱的煎熬，一面吃炸肉排、一面工作！可是我的德國同事卻和我的觀點不同，德國的冬天漫長、嚴寒，而今年的春天又是罕見的寒冷。這天的陽光是德國人長時間以來第一次感受到溫暖，所以他們想到外頭晒晒難得露臉的太陽。於是我們端起餐盤，挪到外面有遮陽棚的陽臺上。我只能靠喝氣泡水避免自己融化，而我的德國同事也能滿頭大汗的沉醉在幸福當中！

要不要坐在戶外吃商業午餐的問題，實在算不上什麼了不起的主管決策，可是它確實凸顯人們的背景和個人歷史，可能會塑造他們對每件事物的認知，哪怕主題是天氣也不例外。

展現同理心的能力，就是了解與體會那些認知的能力。

留才的關鍵，保全面子

邦迪（Bill Bundy）是我的好友，也是經驗老道的企業高階主管，他講的一個故事說明接納回饋如何強化專案計畫，同時設法保住面子。邦迪證明談判可以保全面子，讓當事人有改變心意的臺階可下，如此雙方才能達成協議。

彼時，邦迪任職於一家大型數位課程供應商，正為美國某個規模很大的學區提實施方案。他和學區的領導者對話時，對方把焦點放在減少輟學率、提高畢業率上，另外，也希望提供該學區一般不會開設的選修課程。

邦迪的公司有一個相當合適的解決方案，他們公司和一些競爭者向該學區的利害關係人提案。經過四場分別進行的簡報之後，邦迪很有信心，相信他們公司的方案會在該學區所關切的每個領域脫穎而出。

然而，他們在和學區領導舉行另一場評估會議時，對方卻表達疑慮，擔心若是採用邦迪公司的解決方案，勢必要汰換教師。由於教師工會在該學區相當強勢，工會很確定此事會危及教師的工作，因此挑戰十分嚴峻。

為了因應學區的顧慮，邦迪在下一次的評估簡報時，找來教育局的代表，此人在隔壁的大型學區執行一項方案，與邦迪公司所提供的方案很類似，他們也需要面對工會的問題。隔壁學區通報教育局，他們發現一開始實施方案時，的確需要額外的教師支援，因為教師是決定這項計畫成敗的關鍵。此外，他們也發現該計畫成功擴大整體學校計畫，並提高招聘額外教師的需求。最重要的是，根據蒐集到的資料，學生的輟學率降低了，畢業率則提高了。

因為可靠的同僚提供這些額外的有效資訊，容許決策者重新考慮他們的立場，進而接納邦迪所提的解決方案。這種方式讓他們得以保住面子，對所有參與者來說都是雙贏的局面。

許多公司可能在自己的國家發展得很順利，所以將業務拓展到其他國家。到了國外，他們很自然的堅持過去的行事方式，因為公司最初就是這麼做才成功的。我稱這個為「我們就是靠這個才成功的！」心態。然而，我有許多客戶很快就發現，在地球的其他角落與合作夥伴共事，複雜程度很高，需要他們重新思考如何營運。我來舉兩個例子。

在全球經濟之下，幾乎每種產業都越來越競爭，美國家具業更像是自由落體一樣急速下墜。美國家具製造商習慣在北卡羅萊納州與周邊地區生產，幾乎所有家具都是這麼來的，他們忽然面對中國家具製造商的競爭，對方工廠工人的薪資只有美國的十分之一。多數美國家具公司看到這個不祥之兆，明白想在全球規模下競爭，唯一的出路就是將部分或全部生產工作轉移到中國。

某個家具品牌第一次派代表去中國南方拜訪工廠時，工廠老闆以熱茶和點心款待美國來的主管，並請他們去當地的餐廳吃飯。事實上，每次有主管來訪，工廠老闆招待的方式都一樣：熱茶、點心，然後去當地餐廳吃一頓。

反觀美國高階主管的風度就沒那麼和藹可親了，他們開會的時候單刀直入，挑明自己的目標和要求，很少花時間認識新的中國夥伴。更糟的是，他們不投宿工廠附近的旅館，而是選擇住在必須花兩個小時通車的香港。美國主管沒有把握機會，多花點時間了解他們的中國夥伴，反而是每天辦完正事就揚長而去，回到香港的萬豪酒店，夜夜去高檔的茹絲葵牛排館（Ruth's Chris Steak

House）大啖牛排晚餐！

不難理解中國工廠的老闆感到丟臉，他們發現美國夥伴來訪時，只會把規格和要求攤出來，工作完就跑到邊界另一邊的香港，在最代表西方文化的美國餐廳吃昂貴的牛排。雖然這只是兩家公司之間的首次接觸，卻彰顯美國公司對於和新的中國夥伴合作，心理是抱持什麼樣的期待，難怪這段關係一開始就出現裂痕。

再舉一個剛好可以對比的例子，這兩家公司都付出努力包容對方。

二〇〇五年，中國的電腦公司聯想（Lenovo）買下ＩＢＭ的個人電腦事業部門。一開始，這兩家公司的經營哲學和文化就大不相同，聯想是電腦業的新起之秀，一九八四年才在北京創立，一九八八年正式在香港組成公司。反觀ＩＢＭ是美國的老牌企業，創辦於一九一一年，在科技產業堪稱德高望重，該公司所僱用的員工人數之多，在美國名列前茅。

聯想公司的一位高階主管告訴我，雙方高層第一天碰面時，誰也不知道該期望什麼。這是他分享的故事：「雙方一一打招呼時，我們的團隊注意到，

ＩＢＭ那邊的人都穿Polo衫和卡其褲，而ＩＢＭ團隊也注意到我們這邊的人都穿西裝、打領帶。那天進行得相當順利，因為雙方都期望未來能發展成一支強大的團隊。第二天我們再度碰頭，這次ＩＢＭ的高層都穿西裝、打領帶，可是我們這邊卻都穿Polo衫、卡其褲！大家頓時捧腹大笑，接下來的會議進行得無比順暢。」

聯想後來變成全世界頂尖的個人電腦製造商，最近還同意買下ＩＢＭ伺服器事業部門的很大一部分股權；二〇一四年，聯想決定從谷歌手中買下摩托羅拉行動技術公司（Motorola Mobility）。

很顯然，任何公司的成功或失敗，和高階主管決定晚上吃牛排、上班穿卡其褲或西裝領帶的關係並不大。這兩個例子想表達的是，企業夥伴願不願意考慮對方的需求、是否能表現出尊重。

「金錢買不到快樂」是一句很棒的諺語，當領導者設法激勵、鼓舞團隊時，這句話絕對會搔到癢處。

若是想留住人才，保全面子才是有利可圖的做法。

第11章

當對方說：
「這不是錢的問題。」
肯定是面子問題

「待之以凡才，他將安於平凡。待之以英才，他將英姿煥然。」

——宗教領袖孟蓀（Thomas S. Monson）

我們到終點站了。

不再談營建模型，也不再講AAA模型。「心理安全感」、「文化靈敏度」都不再提，文化冰山也拋諸腦後吧！並不是說這些技巧或敘述沒有太多價值，它們有很高的價值，所以我們才會花那麼多時間和力氣，在這裡和讀者分享。

然而當我們並肩前行，快要抵達保全面子這趟旅程的終點時，我們要往後退一步，確保見樹又見林。那麼大格局圖像是什麼呢？

剛開始動念要出版這本書的時候，我們初步擬定的書名是「關於面子」（About Face）。我喜歡這個書名的雙重意義，一來將焦點放在給面子和保全面子的所有層面，二來則描述保全面子的行為如何「翻轉逆境」，也就是軍事術語「向後轉」（about face），來個澈底改變。

大格局圖像講的就是「向後轉」的可能性，以及這種作為的核心。以典型的攻擊為例，我敢說任何實質攻擊或認知的攻擊，核心都在於某人丟面子，或是感受到不尊重。

如果你去餐廳吃飯，服務生不斷去服務別桌客人，卻一直跳過你這桌，我賭你一定會生氣。重點不在於必須多等那幾分鐘，而是服務生看起來比較照顧其他客人，這就關係到面子問題。

- 如果兩個人的工作品質相當，但是其中一人的酬勞較少……。
- 如果某人花好幾個星期研究，並完成提案報告，結果卻被忽略……。
- 如果某位主管傳遞的訊息洩露另一位同事的資訊，而且無法收回……。

當事人的第一個反應大概是：不公平、這樣不對。其實不要騙你自己了，這都是面子問題。同工卻拿不到同酬的那位，如果少拿的錢不是差太多，當下常見的反應多半是：「這不是錢的問題，是原則的問題。」那原則又是什麼？都是和面子有關的事。

話又說回來，面子的正面影響也和負面影響一樣深遠。

就拿今天來說吧，我的網站出了一個技術問題，我打電話去網頁公司求助，最後付了三百七十五美金解決問題。雖然我對於付這種錢不太開心，可是也接受這就是做生意該付出的代價。

大概過了一個鐘頭，網頁公司打電話給我，來電者是先前賣給我那項服務的人，他通知我先前處理訂單時發現有一筆服務不必收費。

他告訴我將退還三百美金。

能省下三百美金，我感到高興嗎？當然高興。不過我最主要的反應是這個人花時間細究整個情況，然後想出一種用比較少錢卻能達到相同成果的方法。換句話說，他花了額外的時間，公司因而少賺錢。我只能推論他的唯一動機是關注顧客的需求，這是他給我面子。下次我需要找服務網站時，當然要找這家公司。

除了留意如何替別人保留面子，或是從一開始就設法避免讓別人丟面子，成功領導者還有一項重要任務，就是時時自我反省。你不該只留心別人會不會丟面子，還要關心自己的行為是否造成別人丟面子，而且無法逆轉結果。

每個人都會犯錯，這時候最難的、也是你最該做的事，就是認錯。承認自己犯錯，讓別人知道你的出發點不是故意要傷害對方，也沒有貶低他們的意思，然後你必須把錯誤矯正過來。

以身作則、收拾善後是領導者的領導素質之一。

我希望讀者從本書學到的最後一點是，我們生活中（包括工作和個人生活），每次互動都帶著明顯的保全面子和給面子的概念。我在本書的最後一部分「工具組」中，彙整一張清單，協助讀者探索與面子有關的部分。我希望這本書起碼提供大家一面鏡子，藉此擁有更清楚的視角，看出哪些激勵人才、留住人才的事物與面子有關。多數人察覺不到面子的特性，可是對那些了解面子威力的人而言，絕對不會忽略它的重要性。

我們已經討論過保全面子的各個層面，現在要將它濃縮到最基本的要素。

還記得應付考試的小抄嗎？有些讀者可能還記得，學校裡有些老師准許你在一張紙上寫滿備考資訊，考試的時候可以帶進考場看。以下提供的流程圖

（見第二三八頁圖）就是讓你遇到面子問題時，拿來當作小抄用的。流程圖顯示領導者在應付面子問題時的三個關鍵層面：保全面子、給面子、提供關於面子的回饋。

- **保全面子**。世上沒有不該保留面子或捍衛面子的時候。撇開這點不說，有時運用策略避免他人感到卑微、羞辱、貶低，是相當重要的事。

發生某個可能影響到團隊或個人的情況或行動時，你與團隊的溝通和協調必須具有包容性。向大家鼓吹你們都是朝共同目標努力，整個團隊有福同享、有難同當。為了達到良性的結果，關鍵是要把情況扭轉過來，防止所有的關係人失去尊嚴。

利用營建模型（第六章）：

- 練習善意與負責——使用對方希望被對待的方式對待他們，不過也要求他們為自己的行動和行為負責。

- 了解情況並提問，你才能獲得完整資訊。
- 以包容的方式互動，採納不同的觀點。
- 學習手邊問題的相關資訊，以及可行的解決方案。
- 基於你對可行選項的了解，實踐你所擬定的解決方案。

創造一個讓大家覺得安全、自在的環境，如此能促使他們提出解決方案或新點子。摒除你的自我，認識其他人的價值觀與架構。

將面子當成社交貨幣。不斷儲蓄面子，就能與某人建立信任的關係，道理和到銀行存款一樣。我們儲蓄的面子越多，建立的信任感就越深厚。假如犯錯害別人丟臉，只要你過去儲蓄的面子足夠彌補支出，就能拯救這段關係。

- **給面子**。給面子是跟著建立面子供應的想法而來的，當你讓別人感受到尊重與珍惜，面子就給出去了。有的人工作表現優異，或是有人替向來沉默的團隊發聲，都要記得向對方表達謝意。心意是關鍵，你必須發自內心。

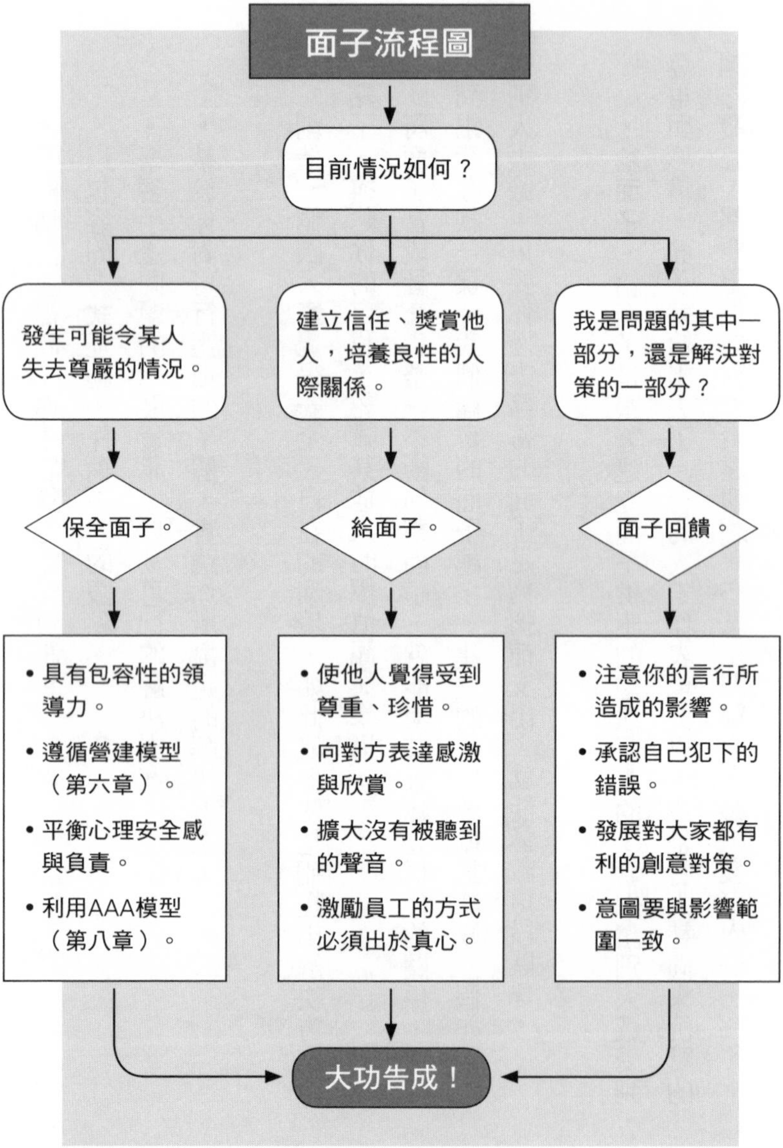
面子流程圖
目前情況如何？
發生可能令某人失去尊嚴的情況。
建立信任、獎賞他人，培養良性的人際關係。
我是問題的其中一部分，還是解決對策的一部分？
保全面子。
給面子。
面子回饋。
• 具有包容性的領導力。
• 遵循營建模型（第六章）。
• 平衡心理安全感與負責。
• 利用AAA模型（第八章）。
• 使他人覺得受到尊重、珍惜。
• 向對方表達感激與欣賞。
• 擴大沒有被聽到的聲音。
• 激勵員工的方式必須出於真心。
• 注意你的言行所造成的影響。
• 承認自己犯下的錯誤。
• 發展對大家都有利的創意對策。
• 意圖要與影響範圍一致。
大功告成！

給面子的方式要有創意，獎賞錢財不是激勵員工的唯一途徑。表達認同可以有許多形式，不妨給員工一個驚喜。

當人們覺得自己是受到重視的一分子，這個團隊就開始有了凝聚力，可以克服各種障礙。

• **你是問題的一部分，還是解決問題的一部分？**在釐清問題或瓶頸之前，先別急著東張西望，不如看看鏡子裡面的人更有用。你有盡一切力量保護別人的面子嗎？

永遠緊盯自己的言行舉止。如果你犯錯，坦然認錯並承擔責任。光是真誠的負起責任，就能增加你在面子銀行的存款。

不要總是用非贏即輸的假設去看待問題，動用創意思考，能不能找出對每個人都有益的選項？跳脫僵化的思維，鼓勵別人分享他們的好點子。

鼓勵回饋——從你過去的經驗學習教訓，了解你的選擇如何影響他人。

展望未來時，你最好的意圖需要與行動的影響一致，話一旦說出口，就要說到做到。

講到面子，再多祕訣也不可能面面俱到，總是有無法預測的情況出現。不過這不是重點，碰到問題時，很少能靠一個招式解決。反之，你長久以來建立的善意加總起來，終究會克服所有情境。這本指南的宗旨，就是幫你找到自己的方法。

祝你好運！

謝辭

維恩（Wayne），我的先生，沒有你我不可能辦到。你是我這一生最好的朋友，也是我的摯愛。感謝你在我需要時支持我。

泰勒（Tyler）、莎凡娜（Savannah）、伊森（Ethan），我家的三個寶貝，謝謝你們教我懂得愛、耐心、韌性，我很幸運能做你們的母親。

索洛萌、所羅門斯、瑪愷、貝賽兒（Shannon Basile）、比爾・邦迪、潘蜜拉・邦迪（Pam Bundy）、奈瑟爾洛斯、路易斯（Ron Lewis）、涂燕、卡普塔（Prabal Cupta）、魏波樂（Rita Wuebbeler）、游超雄、羅賓森（Heather Robinson），感謝你們分享關於保全面子和給面子的精采故事，以及寶貴的人生教訓。

羅蘭，謝謝妳多年來的支持，妳是我在同情心、智慧、善意、人性各方面的模範。

我的編輯皮爾桑提（Steve Piersanti），謝謝你相信我，以及在整個寫作過程中輔導我，讓我把核心訊息表達清楚。你給了我「直來直往」的回饋意見，讓這本書更充實、完善。我從你身上學習良多，真的很榮幸能與你共事。

凱茲，謝謝你幫我聯繫皮爾桑提與Berrett-Koehler出版社，我怎麼謝你都不夠。

伊瓦塔（Edward Iwata）和卡賽瑞斯（Marla Caceres），謝謝你們的合作無間，以及相信這本書的訊息，是你們讓這本書得以實現。

賀賽蘋、瓦格納、穆爾、霍景思、馬林，謝謝你們的慷慨、智慧與友情。這些年來你們不斷鼓舞我，有你們這些朋友，我真的很幸運。

葛史密斯，感謝你當我的在職導師、老師，以及三十多年的朋友。我的人生因你而美好。

我還要感謝以下這些Alexcel集團的同事，謝謝你們的鼓勵，我很榮幸身為這個團隊的一分子。鮑爾斯-伊凡潔莉絲塔、安德悉爾、麥瑪虹（Barbara

McMahon）、艾金斯（Tom Akins）、瑪寇絲（Val Markos）、修瑪珂、波列特（Carlos Paulet）、莫依（Carolyn Maue）、衛特（Simon Vetter）、戴盟德、費恩斯卓姆（Chris Fehrnstrom）、帕森絲（Nancy Parsons）、艾卜林（Scott Eblin）、齊雷弗（Greg Zlevor）、惠勒（Patricia Wheeler）、雷文（Larry Levin）、埃爾布雷特（Helfried Albrecht）、英塔格利亞塔（Jim Intagliata）、華珂（Lisa Walker）、諾克斯（Jodi Knox）、柏納（Peter Berner）、透娜（Rebecca Turner）。

薇芮（Diane Vere），謝謝妳當我的教練，向我提那些棘手的問題。妳啟發我發現自己的目標，追隨自己的熱情。

賈芬克爾，謝謝你擔任我的夥伴。我真的很感激你在我完成這本書的旅程中給我的支持。

沃德和柏恩涵（Cynthia Burnham），謝謝你們對這本書的鼓勵與熱情，也謝謝你們邀請我加入策劃小組（Mastermind group），我感到很榮幸。

艾帛兒、金墉、貝爾徹、史裴丘藍、伍妮西、鮑曼、卡特爾、湯普森、布洛斯、布徐（May Busch）、麥馬努斯（Paul McManus）、貝爾（Meredith Bell）、霍華德（Mike Howard）、古德曼、芮嘉爾（Deborah Grayson Riegel）、哈默爾（Denise Pirrotti Hummel）、惠提利（Ken Wheatley）、唐安（Wendy Tan）、梅爾（Walter Meyer），謝謝你們的支持。

還有小狗愛麗（Ally），謝謝妳帶來那麼多愛與歡樂。

參考資料

第I章

Jeremy Solomons, interview by author, August 26, 2016.

Dan Nesselroth, interview by author, March 22, 2019.

Yen Tu, interview by author, April 16, 2019.

第II章

Brené Brown, The Gifts of Imperfection: Let Go of Who You Think You're Supposed to Be and Embrace Who You Are (Center City, Minn.: Hazelden, 2010).

Jasmine Garsd, "In an Increasingly Polarized America, Is It Possible to Be Civil on Social Media?," NPR, March 31, 2019, https://www.npr.org/2019/03/31/708039892/in-an-increasingly-polarized-america-is-it-possible-to-be-civil-on-social-media.

Hanna Rosin, "The End of Empathy," NPR, April 15, 2019, https://www.npr.org/2019/04/15/712249664/the-end-of-empathy.

Eugene Burdick and William J. Lederer, The Ugly American (Norton, 1958).

Tony Alessandra and Michael J. O'Connor, The Platinum Rule (Grand Central Publishing, 2008).
Kiyoshi Matsumoto, "Face Is Everything in Japan," Talk About Japan, May 2, 2018, https://talkaboutjapan.com/save-face-in-japanese-culture/.
Hannah Hutyra, "114 Bruce Lee Quotes That Will Trigger Personal Growth," https://www.keepinspiring.me/bruce-lee-quotes/.

第三章

"Have a Nice Day," Wikipedia, https://en.wikipedia.org/wiki/Have_a_nice_day.
Brown, The Gifts of Imperfection.
Pema Chödrön, The Places That Scare You: A Guide to Fearlessness in Difficult Times (Boston: Shambhala, 2001).
Brown, The Gifts of Imperfection.

第四章

Kim Scott, "What Steve Jobs Taught Me about Debate in the Workplace," Better, NBC News, March 14, 2017, https://www.nbcnews.com/better/careers/what-steve-jobs-taught-me-about-debate-workplace-n732956.

第五章

Amy C. Edmondson and Kathryn S. Roloff, "Leveraging Diversity through Psychological Safety," Rotman Management Magazine, September 1, 2009.

Charles Duhigg, "What Google Learned from Its Quest to Build the Perfect Team," The New York Times Magazine, February 25, 2016, https://www.nytimes.com/2016/02/28/magazine/what-google-learned-from-its-quest-to-build-the-perfect-team.html.

Edmondson and Roloff, "Leveraging Diversity through Psychological Safety."

Duhigg, "What Google Learned from Its Quest to Build the Perfect Team."

Darlene Solomon, interview by author, April 8, 2018.

Francesca Gino, "The Business Case for Curiosity," Harvard Business Review (September–October 2018), https://hbr.org/2018/09/curiosity#the-business-case-for-curiosity.

第六章

N. Nayab, "Three Different Types of Communication: Verbal, Nonverbal & Visual," Bright Hub PM, July 25, 2010, https://www.brighthubpm.com/methods-strategies/79297-comparing-various-forms-of-communication/.

Gregory Wallace, "Bill Gates: 'I feel pretty stupid that I don't know any foreign languages,' " CNN Business, January 28, 2015, https://money.cnn.com/2015/01/28/technology/bill-gates-regret/index.html.

John Spence, "How to Become an Expert," JohnSpence.com, September 20, 2014, https://blog.johnspence.com/expert/.

Malcolm Gladwell, Outliers: The Story of Success (New York: Little, Brown, Hachette Book Group, 2008).

"The Johari Window Model," Communication Theory, https://www.communicationtheory.org/the-johari-window-model/.

第八章

Geert Hofstede, "Geert Hofstede's: The Dimension Paradigm," Hofstede Insights, https://www.hofstede-insights.com/models/.

Edward T. Hall, The Silent Language (New York: Anchor Books, 1973, 1990).

第九章

Carol S. Dweck, Mindset: The New Psychology of Success (New York: Penguin Random House, 2006, 2016).

Berit Brogaard, "Micro-Inequities: 40 Years Later," Psychology Today, April 20, 2013, https://www.psychologytoday.com/us/blog/the-superhuman-mind/201304/micro-inequities-40-years-later.

第十章

Marcus Buckingham and Ashley Goodall, "The Feedback Fallacy," Harvard Business Review (March–April 2019), https://hbr.org/2019/03/the-feedback-fallacy.

Bill Bundy, interview by author, March 11, 2019.

國家圖書館出版品預行編目（CIP）資料

面子領導學：錢解決不了的問題，面子可以。商學院沒教但你最需要的領導武器。／胡孟君（Maya Hu-Chan）著；李宛蓉譯.
--初版, -- 臺北市：大是文化有限公司，2021.04
256頁；14.8×21公分. --（Think；213）
譯自：Saving Face: How to Preserve Dignity and Build Trust
ISBN 978-986-5548-40-7（平裝）

1. 面子　2. 人際關係　3. 職場成功法

541.86　　109021414

Think 213

面子領導學

錢解決不了的問題，面子可以。
商學院沒教但你最需要的領導武器。

作　　　者／胡孟君（Maya Hu-Chan）
譯　　　者／李宛蓉
責 任 編 輯／郭亮均
校 對 編 輯／李芊芊
副　主　編／馬祥芬
副 總 編 輯／顏惠君
總　編　輯／吳依瑋
發　行　人／徐仲秋
會　　　計／許鳳雪、陳嬅娟
版 權 經 理／郝麗珍
行 銷 企 劃／徐千晴、周以婷
業 務 助 理／王德渝
業 務 專 員／馬絮盈、留婉茹
業 務 經 理／林裕安
總　經　理／陳絜吾

出　版　者／大是文化有限公司
臺北市100衡陽路7號8樓
編輯部電話：（02）23757911
讀 者 服 務／購書相關資訊請洽：（02）23757911　分機122
24小時讀者服務傳真：（02）23756999
讀者服務E-mail：haom@ms28.hinet.net
郵政劃撥帳號：19983366　戶名：大是文化有限公司

法 律 顧 問／永然聯合法律事務所
香 港 發 行／豐達出版發行有限公司
Rich Publishing & Distribution Ltd
香港柴灣永泰道70號柴灣工業城第2期1805室
Unit 1805, Ph. 2, Chai Wan Ind City, 70 Wing Tai Rd, Chai Wan, Hong Kong
電話：21726513　傳真：21724355
E-mail：cary@subseasy.com.hk

封 面 設 計／林雯瑛
內 頁 排 版／黃淑華
印　　　刷／緯峰印刷股份有限公司

2021年4月初版　Printed in Taiwan
ISBN 978-986-5548-40-7　定價／新臺幣360元
電子書ISBN 978-986-5548-65-0（PDF）
ISBN 978-986-5548-64-3（EPUB）
（缺頁或裝訂錯誤的書，請寄回更換）